君たちはどう働くか

今野晴貴

皓星社

君たちは
どう働くか
もくじ

第1章 僕が人々の働き方に興味を持った理由 ―― 7

第2章 どうしておとなは働くのでしょう？ ―― 23

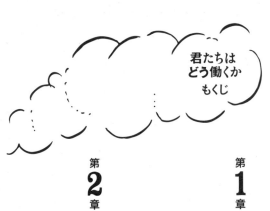

第5章 アルバイトをはじめる前に

第6章 いざ就職！——121

第7章

ブラック企業には気をつけよう！

第1章

僕が人々の働き方に興味を持った理由

初めまして。今野晴貴《こんのはるき》です。僕は、働く若い人たちが困ったり悩んだりしたとき、相談にのったり支援したりするNPO法人POSSE《ポッセ》の代表をやっています。また、大学院にかよって、働くことと社会との関係について学んだりもしています。

この本では、おもに中学生のみなさんに向けて、働くことの意味や働く場所の選び方、そして働きだしたらどんなことに注意すればよいのか、をお伝えできればと思っています。社会に出たらいろんなことがあるし、よい会社もあれば悪い会社もあるし……。

本題に入る前に、僕がなぜ人々の働き方や、働くことと社会の関係について関心を持ったのか、お知らせしておこうと思います。

どんな人がこの本を書いているのか。

この本を書いている人は、どうして読者に「どう働くのか」と問いかけているのか。

それを知った上で、本編を読んでもらうのがよいと考えるからです。

会社では男女が平等ではない!?

僕が人々の働き方に関心を持ったきっかけは、会社が女性の待遇を差別していた問題でした。僕が中学生のころ、話題になった出来事です。
一九八六年に制定された男女雇用機会均等法が、九七年に改正されました。この法律は、求人や採用、そして給料など、職場での男女の差別を禁止するために、国が定めました。それ以前は、会社が働く人を募集するときに、男性しか採用しないと書いてあるのは普通でした。また、女性だからという理由で、男性よりも出世がむずかしいということもあったのです（現在でも、なくなったわけではありません）。
僕は、この法律によって、働き方や給料などに男女の差がなくなるのかと思いました。ところが、マスコミでは、同法が改正されても男女の待遇の差は開いたままだと報道されていたのです。
「同じように働いているのに、性別が違うだけで、どうして待遇の差があるのだろう?」

ただただ、そんな素朴な疑問を僕はいだきました。「どうにかしてやろう」などという正義感でアクションを起こすわけでもなく、男女の差についてくわしく調べたわけでもありません。

とにかく、雇われる人に給料を払うことを会社が約束し、そのかわりに雇われる人は会社のために働く。こうしたことについて考えはじめたのは、男女の待遇の差に対する疑問が出発点だったと思います。

高校に入ると、本をそれなりに読みました。とくに、政治や社会、そして経済に関する本を読むうちに、「公正な社会ってあるのかな?」と考えるようになりました。公正な社会とは、人種や貧困による差別などがなく、政治にかたよりがなくて、誰もが正しいと思うような社会のことです。

当時は、「構造改革」という言葉が日本中で叫ばれ、社会の構造を変えることが大切だ、といわれた時期です。テレビやラジオ、そして新聞などでは「競争力」を高めることが大事だといわれ、「もっとお金を稼げるようにならなければならない」と報じられていました。

競争力のない中小企業は、なくなるのが当たり前。リストラでクビになるのは、能力のない人だ。もっと働け、自分を磨け、止まるな、成長し続けろ……。そんな雰囲気が、日本中に満ちあふれていたのです。

一方で、学校ではなにかを学ぶというよりも、「受験勉強」をしなければならないという現実があります。受験のための勉強に意味があるのだろうか、などと僕は思ったりしました。

そんなに「競争」しなければならない理由があるのか？

なぜ「経済成長」を追いもとめなければならないのか？

受験勉強に意味はあるのか？

結局、こういうことに疑問を持ちはじめると、ろくに授業も聞かなくなり、バスケットボールの部活をやるためだけに、学校にかよっていたようなものでした。そして、自分で経済や政治の本を探して読んだり、テレビのドキュメンタリー番組ばかりを、やたらと観るようになったのです。

そうしたなかで興味を持つようになったのが、「人権」や「市民社会」という言葉です。日本で「構造改革」が進んだ時期は、世界では「グローバル化」が進んだ時期と重なります。グローバル化とは、世界中の国や人々の政治や経済、そして文化などが、国境を越えて結びつけられることをいいます。

このグローバル化には、世界の貧困や格差を拡大させた側面もあります。しかし、当時は国際的な人権ＮＧＯ（非政府組織）が活躍し、貧しい人々を助けたり、正義や平和を求める活動を世界中でおこなってもいたのです。

そうした取りくみを「自分も絶対にやろう」とまでは思いませんでしたが、強く興味を持ったのは事実です。その結果、大学では法律学と政治学を勉強しよう、と思うようになり、中央大学に入りました。

大学の一年生や二年生のときは、人々が普通に生活するなかで起こる事件や事故などのもめごとを解決する「民法」という法律や、なにが犯罪になるのか、その犯罪に対する刑罰はどの程度なのかを定めた「刑法」という法律、そして政治学などを学びました。

「労働」に出会った大学時代

高校生のときに関心を持ったものの、しばらく忘れていた「人々の働き方への関心」を

ふたたび持つようになる転機は、大学三年生のときにおとずれます。
ゼミナールを選ぶことになり、政治学にするか、法律学にするか、すごく迷いました。ゼミナールというのは、先生の話を聞くだけではなく、学生が自分から学び、発言し、発表するような少人数のクラスのことです。
決め手になったのは、労働法の先生が学生をゼミナールへ誘うために書いた文章でした。そこには、次のような内容のことが書いてあったと思います。

法律といえば憲法や民法、そして刑法などメジャーなものが取りあげられるし、学生たちも学びたがる。司法試験の必須科目でもない労働法というものは、マイナーな存在だと思われがちだ。しかし、じつは労働法を学ぶことは、とてもおもしろいことなのだ。人は誰でも、社会に出れば働く。頭を使う仕事もあれば、肉体を使う仕事もある。複雑な労働もあれば、単純な労働もある。つまり、働くすべての人々にかかわる法律が労働法であって、これほど社会と密接にかかわる法律は、ほかにはない！

労働法を学ぶことは、世の中のすべてを学ぶことに等しい。こんなにおもしろい学問は、ほかにはないというわけです。僕は、「労働って、そういうものなのか……」と思い、角《すみ》田邦重《だくにしげ》先生（僕が在学した当時の中央大学学長でした）のゼミナールに入ることを決心します。

これが、人々の働き方、すなわち「労働」というものに「強い関心」を持つきっかけとなった出来事です。

ゼミナールに入り、労働法をじっくり学べば学ぶほど、法律という「理念」と社会で起こる「現実」とのギャップを感じるようになりました。

労働法というのは、会社と働く人々（＝労働者）との関係について国が定めた「ルール」です。具体的には、労働者がつらい立場におかれた場合、国があいだに入って労働者を助ける、あるいは労働者みずからが権利を使うのを手助けするようないくつかの法律を、全体としてひとつの呼び名にしたものです。

たとえば、時給が一〇〇円の契約を会社と労働者が結んでいたとしましょう。時給が一〇〇円では生きていくこともできませんから、あきらかにおかしな契約です。このようなおかしい契約を、専門的には「不当な契約」といいます。労働法は、こうした不当な契約を禁止しているのです（くわしくは第4章で説明します）。

労働法を学ぶなかで、世の中のきびしい状況について、幼いころから僕たちがおとなたちにいわれてきた、「理想と現実は違うよ」、「世の中、こんなもんだよ」、そして「現実は、そんなもんだよ」などというフレーズが、たしかに「そのとおりなんだ」とも思いました。では、どうして世の中がきびしい状況になっているのか。違法な働き方をさせられるような状況や、働いても安いお金しか会社にもらえないような環境が、放っておかれたままなのか。僕は、そういうことに興味を持つようになっていきます。

関心の範囲がここまでひろがると、もう法律を学ぶだけでは不十分だと思うようになります。だから、大学院に進学するときには、社会政策を学べるところを選びました。

ちなみに、社会政策とは、世の中で起きるさまざまな問題を、僕たちの社会がどのように解決していったらよいのか考える学問です。いいかえれば、貧しかったり、差別されていたり、困っていたりする弱い立場の人たちと僕たちの社会が、どう向きあっていくべきかを考える学問だといえます。

こうして、大学院では、社会政策と、働く人々がおかれた状況や、その状況を生みだす理由や原因を研究する労働社会学を学ぶことに決め、現在にいたっています。

アクションを起こしてみよう！

学問をつうじて若い人たちの働き方にかかわる一方で、大学生だった二一歳のときに、僕はPOSSE《ポッセ》というNPO法人を立ちあげました。POSSE《ポッセ》では、働く若い人たちの悩みを聞いて、どのように解決するのかを共に考えたりします。また、彼らの職場に問題があれば、改善するため一緒に交渉することもあります。

しばしば、マスコミの人などから「そんな若いときにNPO法人を立ちあげるのは、たいへんだったでしょう」と聞かれます。けっして、そんなことはありません。これは、読者のみなさんに強調してお伝えしておきたいことなのですが、思いついたら、とりあえずやってみるという姿勢が大切です。

もちろん、初めはわからないことばかりで、迷いはあります。でも、やってみるなかでどんどん鍛えられていくものです。経験を積むことで、ほかの人ならわからないようなことがわかったりします。ほかの人ができないようなことが、できるようになったりする。

見えなかった世界が、見えるようになったりもします。

このことは、みなさんがこれから社会に出て、働きだしたときの状況を考えると、まったく同じことがいえます。僕は、たまたまPOSSE《ポッセ》という組織をつうじて、経験を積むことができただけの話です。

若くしてNPO法人を立ちあげたときの苦労みたいなものを、ひとつだけあげるとすれば、相談に来る人の多くが年上だった、ということでしょうか。まず、相談にのる側の僕たちが「若い」というだけで、「若いお前たちに、俺の（私の）苦労がわかるのか」とか「経験不足なのに、相談にのれるのか」という印象を持つ年上の人が多かった。

それはそうです。彼ら彼女らは、働くことや生活することについて相談に来ています。そのまなざしは、真剣そのものです。大学生のちょっとした善意で対応したり、「僕たち、経験不足だからわからない」ではすまないのです。

だから、相談にのったからには、それを解決すべく、弁護士や学者などのスペシャリストの意見を聴きにかけまわったりするなど、僕らなりにできることをしてきました。

そんな経験をかれこれ一〇年ちかく重ねていくうちに、年上の相談者からも少しずつ信頼されるようになっていったのです。

この本の内容について

この本でもっとも強調したいことを先にいってしまえば、おもに中学生のみなさんが仕事や社会の仕組みを知ることで、社会に出てから賢く働けるような知恵を身につけてほしい、ということです。

本書のテーマは労働ですから、「なぜ働くのか」、「働くルールはどうなっているのか」といったことを解説していくわけですが、こうした問いは、みなさんが「どこまでがんばったらよいのか？」という重要な問題にいきつきます。

もちろん、働きだしたら、さぼっているわけにはいきません。ならば、なにを、どこまで、どうしてがんばらなければならないのか。そこは、ほとんど学校では教えてくれません。しかし、本当はとても大切な問いのはずです。

では、この問いはなぜ大切なのか？　あとで述べますが、ひたすら「がんばらなければならない」とばかり考えてしまうと、会社に「死ぬまで働け」といわれてしまい、会社に殺されてしまうことも本当にあるからです。

こんな話を聞くとつらくなってしまうかもしれませんが、いま、二〇代の若者が働きすぎて、「自殺」や「うつ病」（精神疾患）になるまで、会社に追いつめられる事件が多発しています。大きな会社になると、うつ病の人がいない職場を見つけることが、むずかしくなっています。

働きすぎて働けなくなってしまった若者が、どの職場にもかならず何人かはいるようですし、みなさんも仕事を始めれば、かならず「過労死」や「過労自殺」、そして「うつ病」の危険のなかに身をおくことになるのです。

これと関連して、もうひとつ強調したいことがあります。それは、どれだけまじめに取りくんでも、どれだけがんばっても、むくわれないようなこともある、ということです。

みなさんの「まじめさ」や「がんばり」を「利用」するようなズルい会社を、僕は「ブラック企業」と呼んでいます。ブラック企業に入ってしまったら、みなさんは使われるだけ使われて、最後に捨てられてしまう。では、どうしてそんな会社が経営を続けられているのか。知らずに入社してしまったら、どうすればよいのか。

そんなみなさんの問いにも、この本でしっかりと答えていこうと思います。なお、この本のなかでは、「企業」と「会社」は同じものだと考えてください。

ややや、うしろ向きの話ばかりのように聞こえてしまったかもしれません。

いずれにしても、私たちは働かなくてはなりません。だから、「働くこと」についての考えを深めてほしい。

働くことの仕組みを知っておけば、「どこまでがんばるべきなのか」という問いに、少しは答えを出せるようになると思います。本書では、そうした考え方の手がかりをつかんでほしいと思っています。

そして、悪い会社にダマされない、知恵や賢さを身につけてほしい。


前おきが長くなりました。この本では、まず働くことの意味を考え、時代とともに変わる働き方、さらに働くルールについて説明します。続いて、アルバイトや就職などで働きだすとき、どんなことに注目したり注意したりすればよいのかを考えます。さらに、ブラック企業に入ってしまったときの対処法についても説明します。

君たちはどう働くのか。僕の、現時点での全力を使って、アドバイスできればと思っています。

第2章

どうしておとなは働くのでしょう？

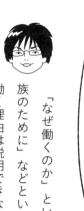

おとなになったら、どうして働かなければいけないの？

「なぜ働くのか」という話になると、世間では「お金を稼ぐために」とか「家族のために」などといわれることが多いでしょう。でも、それだけでは、とても働く理由は説明できないと思います。

だって、考えてみてください。なぜ、働いて得たお金で、家族を守ったり養ったりしなければならないのでしょうか。そもそも、親がいない子どもは誰に守ってもらえばよいのでしょうか。僕自身、子どものころ、ドラマや映画を観ていて、しばしば「家族を守る」という言葉を聞いたわけですが、聞くたびに違和感をいだいていました。

「守る」ってことは、敵がいるから守るわけで、ならばその敵って誰なんだろう、と思ったりします。くわえて、かなり小さいころから僕がいだいていた疑問のひとつに、

働けない人は、どうしたらよいの？

「これだけ技術が発達し、食べるのに困らないような時代とまでいわれるようになったのに、みんな必死に働いているのはなぜなのだろう」というものがあります。

もちろん、世界に目を向ければ、戦争をしている国や地域もあり、その現場では父親や母親が「家族を守る」ということが、現実味をおびてくると思います。しかし、現在の日本は平和で、とりあえずそんな状況になってはいません。家族を守るといいながら、お互いに競争し、疲れはて、ときには攻撃的になっているおとなたち。どうして、そんなに苦しむ必要があるのか。当時、強く疑問を持ったのでした。

当然、「家族によい生活をさせたい」からがんばっている人もいる。そういう親たちの気持も大切です。一方で、働いていれば忙しいし、しんどいから、なんらかの理由をつけることによって、そのしんどさを乗りこえようとする。その理由として、「家族のため」という使いふるされたフレーズが使われているようにも、僕には思われるのです。

では、僕たちはなぜ働くのでしょうか。それは、とても単純な話で、私たちは「生きつづける」ために働かなければならないからです。そのことは、昔であろうと現在であろうと、まったく変わらないことだと思います。

考えてみてください。僕たちは、生きていれば、生活しなければならない。生活のためには、住む家がいるし、食べ物がいるし、服だっている。そこらに家や食べ物が落ちていて、それを拾えば生きていけるというわけではありません。

私たちは生きのこるために、さまざまな工夫をする。家を建てたり、食料や服を作ったり、道具を作ったりと。こういうことは、人がやらなければ、ほかにやってくれる生き物はいません。ようするに、働かなければ生きのこれないから働く、ということです。

ただ、いろいろな事情があって、働けない人もいるでしょう。生まれつきであれ、事故などが原因であれ、身体に障害をかかえる人々には、働けない人もいます。また、身体や心を病んだことにより、働けない人もいます。さらに、身体や心が健康で、働く気もあるのに、働く場所や環境がなかなか見つからない人もいます。そういう場合には、無理に働く必要はないでしょう。

しかし、「誰か」はかならず働かなければなりません。「誰が働くべきなのか?」ということはひとまずおいておきましょう。とにかく、絶対に、誰かが働かなければ社会は成りたたないのです。

働けば、自分が社会のどこにいるのかがわかる?

もうひとつ、大切なことは、人々は働くことをつうじてほかの人と関係を取りむすぶということです。これも太古の昔から続いてきたことです。農作物を作る。家畜を育てる。家事をする。道具を作る。人になにかを教える。私たちの働き方を数えあげたら、きりがありません。

このように、なにかを生みだしたり作ったりしながら、社会を成りたたせることが、まさに「働く」ことです。そして、働くときには、誰かしらとかかわることになります。あるいは、働いた成果や結果によって、他人に認められるようになり、居場所ができたりもする。

みなさんのクラスだって、たとえば文化祭で音楽の出しものをやろうと思ったら、絵がじょうずな人は看板を作る、楽器がうまい人は演奏し、歌がじょうずな人はボーカルを担当し、人当たりのよい人は受付をするでしょう。

日々、クラスメイトと接するなかで、クラスのなかでこの人はこういうポジションだということは、なんとなくみんながわかってくる。それと同じことが、おとなになってからの社会にもいえるのです。大工さんは家を作り、学者さんはいろんな知識を世の中のためにたくわえ、コックさんは料理を作り、作家さんは小説を書く。

社会のなかで、自分がどのようなポジションにいるのか。いろいろな人が、さまざまなかたちで働いていることを知る。また、他人はどのようなポジションにいるのか。「働く＝労働」とは、単に仕事をして働くことだけではなく、そのような意味も持っているということです。

さきほど、働けない人について触れましたが、そういう意味では、働けない事情があるような人にも、社会に参加してもらえるような方法を、しっかり作っていくことが必要でしょう。

「お金のために働く」って、どういうこと？

さて、ここからが重要なところです。この「働くこと」が単に「社会に参加すること」ではなく、「お金を稼ぐこと」にもなっているのが現代の社会です。「社会に参加すること」とは、さきほどもお話ししたように、社会でなんらかの役に立ち、そのことによって他人から「認められる」ということです。

しかし、いまの日本を見ていると、「働く」こととは「社会の役に立って、参加する」ことでは足りず、「お金を稼ぐ」ことができなければ、そもそも「働いている」と認めてもらえません。

たとえば、ボランティアで近所の掃除をしたり、近所の子どもたちに勉強を教えているおじいさんがいたとしましょう。おじいさんは、あきらかに役に立っているし、「社会に参加」しています。とはいえ、それでお金をもらっているわけではない。

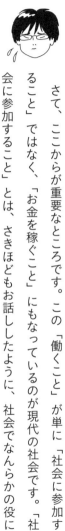

そうなると世間は、おじいさんはボランティアをしているのであって、「働いている」とは見なさないでしょう。つまり、「働く」ことには、「会社などからお金をもらって働く」という意味が、わざわざ説明などしなくても含まれているということですね。

また、働く人が会社などからお金をもらうためには、会社が「営利事業」というお金稼ぎをおこない、物やサービスが売買される「市場」で利益をあげる必要があります。そうしなければ、働く人に払うお金の元手が、会社にはありませんから。この営利事業は、けっしてボランティアではありません。

会社は、営利事業を続けていくために人を雇い、給料を支払います。だから、給料をもらうこととは、すなわち会社の営利事業にかかわって「働く」ことだ、ということができます。

このように、いまの「働く」こと、すなわち「労働」は、社会に参加したり、社会を成りたたせることを直接の目的にしていません。働く人と会社とは、「社会に参加する」という部分ではなく、「お金」を目的につながっています。

昔の労働は「お金のため」ではなかったの？

お金のために働いていると、いくつも問題が生じてきます。まず、自分が働くことと「社会とのかかわり」が見えにくくなってきます。

かつての労働は「お金」のためではなく、「社会に参加する」ためにおこなわれていました。村の人々の共同作業で米を作ってみんなで分ける。ここではまさに、「働く」ことと「社会に参加する」ことが一体になっています。あるいは、みんなで家を作ったり、道路を作るなどといった共同作業の場合もそうでしょう。

しかし、いまでは「働くこと＝お金をもらうこと」が、社会に参加することだと考えられています。お金をあいだにはさむことによって、実際の「働く」ことがどのように社会に役立っているのかが見えにくくなっています。

また、「お金を稼ぐ」ことに引きずられて、「営利事業」や「働く」ことの中身がないがしろにされてしまう傾向があります。これは、本来の目的である「社会を成りたたせ、まわす」ことを直接の目的にせず、「お金を稼ぐ」ということが労働の直接の目的になってしまっているからです。

実際に、どんなによい仕事をしていても、それが「営利事業」として評価され、お金を稼げなければ仕方ありません。繰りかえしになりますが、営利事業でもなく、お金も稼げない場合、それは「ボランティア」と呼ばれてしまうのです。

そして、ボランティアをいくらやったところでお金はもらえませんから、生活していくことができません。つまり、「あなたがやっている労働は、本当の労働なのか」ということを、「お金」が稼げているかどうかで判断している。それがいまの社会なのです。

でも、「お金を稼ぐ」ということは、本当に「社会の役に立って、参加している」ということになるのでしょうか？

会社は、詐欺《さぎ》まがいの商法で「お金」をもうけようとしたり、手抜き工事でビルを建てることもあります。また、本書で繰りかえし述べるように、雇った人を「死ぬほど働かせて」、お金をもうけようとする会社も出てきます。

そんなやり方をしているような会社が「社会の役に立っている」とは、けっしていえないでしょう。

このように、市場で「営利事業」をつうじて「お金」を稼ぐことと、「社会で役に立つ」ことは、完全に同じではありません。

そして、私たちが「お金」を目的に働くいまの日本では、社会への参加が見えづらくなり、しかも、「お金」を第一の目的とするために、社会への参加の仕方そのものが、どうしてもゆがんできてしまうのです。

私たちがお金をもらって働きだしたのは、いつごろから？

いまでは、会社に雇われ、そこで働いたことにより、会社からお金をもらうという働き方がほとんどですね。そのことはすでに述べましたが、この働き方のことを「賃労働」といいます。

でも、賃労働というかたちの働き方が「社会全体」にまでひろまったのは、たかだか一五〇年くらい前の話です（アジアやアフリカまで含めれば、せいぜいこの七〇年くらいでしょう！）。

それ以前は、ほんの限られた人だけが、賃労働に似たようなかたちで働いていた。多くの人は、自分の食料や衣料は自分で作ったり、ひとりで作れないものは周囲の人々と一緒に作るか、自分が作ったものを他人の作ったものと交換したりしていました。日本でも、ある時期から商人や職人などが登場し、賃労働に近い働き方をする人たちが出てきました。

それでも、多くの人は農業や漁業で生活していて、お金をもらうためにものを作っていたのではありません。農民や漁民が作ったものや獲ったものを、もらったり買ったりして、幕府の人々や武士たちが生活していました。

つまり、人に雇われて、お金をもらって働くというかたちは、歴史的にはごく最近にひろまったことであり、人類の歴史からいえばきわめて特殊なかたちの働き方だともいえます。ずっと賃労働ではない働き方をしていたのが、最近になってから賃労働というかたちが生まれ、それが主流になっていったのです。

働くことには、本当に意味があるの？

働くことの意味について、昔のことを話題にしてみました。でも、時代が変わり、技術も進歩するなかで、昔と同じような働き方をすることなど、もはやありえません。もちろん、会社や市場を抜きにして働くことも、いまは不可能です。

僕がみなさんに伝えたいのは、こういうことです。

私たちは働くことで他人との関係を取りむすんだり、他人に必要なものを作ったりしながら、満足したり充足したりする。そのことは、すでに触れました。

ところが、人に雇われて働き、お金をもらうようなかたち、つまり賃労働が人々の働き方の主流になってくると、いま述べたような「働くことの本当の意味」が見えづらくなってきます。だからこそ、みなさんには市場や会社とどう付きあうべきなのかを知ってもらいたい。そして、社会に必要な「労働」について考えてほしいのです。

なかには「働かなくてもいいじゃん」と思う人もいるかもしれません。しかし、そういう意見をいいたくなるのは、「どうして会社に雇われて働かなければならないのか」、あるいは「どうして会社のお金もうけに時間を使わなければならないのか」という、賃労働への反発があるからなのだと思います。

会社に雇われ、他人に命令されて働くことへの拒否感みたいなものもあるのでしょう。こうした「雇われる」ことへの反発は、かつては「会社の歯車になる」ことへの抵抗として、世界的な社会運動にもなりました。

最近でも、社会の問題を解決するのと同時に収益も得るという考え方の「社会的起業」や、会社に属さずＩＴ機器などを使いこなして仕事を進める「ノマド」といった考えが、若い人を中心に関心を集めています。

たしかに、それはある意味で正しい流れです。私たちの働き方というのは、けっして会社に雇われ、給料をもらう賃労働だけではないともいえるからです。ただし、それらも「お金を稼ぐこと」には変わりありませんし、市場とも無縁ではありません。そして、やはりいまの社会では、働き方の圧倒的多数は賃労働なのです。

私たちは社会に参加するためにも、働かなければなりません。しかし、働く場所が会社という「営利事業」であるために、「歯車」にされてしまったと感じる。さきほども触れましたが、それはある意味では世界中の人々が悩んできたことです。

冒頭で述べたように、おとなたちが「家族のため」と強調していわなければならないのも、やはり「賃労働」がつらいからでしょう。

では、歯車にされてしまったと感じながらも、会社に雇われて働くとき、つまずかないようにするためには、どうすればよいのでしょうか？

みなさんは、社会に出て会社につとめると、「労働者」という立場におかれます。そして、労働者のなかには、いろいろな種類の仕事についている人がいます。みなさんは、「なにか」の仕事につく労働者になるのです。

また、いろいろなものが市場で取引されるいまの日本社会では、みなさんは「～の労働者」として会社と取引します。「～」の部分には、「営業」や「経理」、「介護」、「エンジニア」など、みなさんがこれからやるべき仕事、もしくはやることができる仕事が入ります。

会社と労働者の取引の場を「労働市場」といいます。つまり、自分が「～の労働者」として会社と向きあい、お互いに納得のいくかたちで取引をする。この仕組みを自覚していることが、会社で働く上で、もっとも大切なことです。この労働市場には、社会が定めた

「ルール」があって、それが「どこまでがんばらなければならないのか」、また「どこまでがんばればよいのか」を決めているからです。

そして、「～の労働者」であることを意識すれば、おのずと「労働市場」で損をしている人と得をしている人がいることに気づきます。もし、同じ仕事をしている人よりたくさん働いているのに給料が少ない人は、損をしていますよね？

つまり、「～の労働者」として自分のことを意識して市場に臨むことで、「その会社と正当に取引できているのかどうか」ということがわかるのです。

繰りかえしますが、大切なことがふたつあります。みなさんが会社に雇われて働く場合、働く上での「ルール」を知ること。また、働きはじめたら、「同じような仕事をしているほかの人と比べて、自分の働く環境や時間などはどうなのだろう」と意識することです。

「どこまでがんばればよいのか？」という本書の初めの問いは、この「労働市場」でみなさんが、会社とどのような取引をしているのか、ということにかかわるのです。

働くようになったら、このふたつのことは、とても重要となります。ときには、みなさんの生死を分けてしまうほどに……。

第3章

働きだす前に、なにを知っておけばいいの？

自分に向いてる仕事って、なに？

中学生のみなさんは、これから自分たちがどんなところで働いたらよいのだろう、と思うこともあるでしょう。

それを急いで考える必要はない、と僕は思います。とりあえず、いま、なにかやってみるのがよいと思います。趣味でもよい。部活でもよい。勉強でもよい。気の向くままに、思いついたことを！

最近は、教師が学校でキャリア教育をやるといって、「自分に向いている仕事はなにか」などとみなさん自身に考えさせることが多くなりました。たとえば、文部科学省のホームページには、こんなことが書かれています。

今、子どもたちには、将来、社会的・職業的に自立し、社会の中で自分の役割を果た

しながら、自分らしい生き方を実現するための力が求められています。この視点に立って日々の教育活動を展開することこそが、キャリア教育の実践の姿です。学校の特色や地域の実情を踏まえつつ、子どもたちの発達の段階にふさわしいキャリア教育をそれぞれの学校で推進・充実させましょう。

一見、説得力があるように思えます。

こうした政府の方針を元に、心理テストをやったり、職場体験で会社をたずねたりと、学校は「さあ、みんな、向いている仕事を探そう！」とみなさんをあおりたてすぎているようにも見えます。

目標を立てることはよいことですが、中学生のみなさんの場合、かえってあせらされることになり、つらい思いをしたり、自分を見失ってしまうこともあるでしょう。そんな本末転倒な状態になっていないだろうか、と心配しています。

中学生のみなさんが見ているものは、この世界のほんの一部分にすぎません。知っている職場の数など、それほどないことでしょう。せいぜい、テレビやネットなどのメディアによく登場する仕事や、親や親せきがかかわっている仕事くらいなのではありませんか。

ミュージシャン、俳優、警官、医者、消防士、料理人、美容師、弁護士……。自分が知っている範囲で、カッコよいと思ったり、やりがいがありそうだと思ったりして、なんとなく「こんな仕事をやってみたいな」と思ってしまう。当然のことでしょう。

でも、限られた情報にしばられて、「向いている仕事」を探すのは、正しい方法とはいえません。逆に考えると、基本的にどんな仕事も、すべて社会とかかわることになるし、すべて必要なもののはずです。だから、どんな仕事についたとしても、なにかしらのおもしろさがあるし、楽しさがあるし、やりがいもある！

だからこそ、ここで僕がみなさんにいいたいのは、中学生のうちに「自分に向いた仕事」を無理に考えすぎないでほしい、ということです。

将来の夢を持ってもよいし、やりたい仕事に向かって勉強してもよい。一方で、夢がなくたって、ぜんぜん大丈夫。悩む必要はありません。やりたい仕事が見つからなければ、とりあえずなにかしらの仕事をやってみようと思っておけば、よいのではありませんか。

ただし、あとでくわしく触れますが、くれぐれもブラック企業やブラックバイトを見きわめる眼は、いまからでもみなさんに養っておいてほしい。世の中には、みなさんを大事にしてくれるよい会社もあるし、みなさんを使いすてにするひどい会社もあるのですから。

人にいわれたとおりに働いていないとダメなの？

人間は、「社会に参加する」ために働くのだと、僕は書いてきました。しかし、会社が人を雇って働かせる、つまり賃労働になると、「ものを考えながら仕事をする」ということが、会社にとってじゃまになります。

つまり、自分自身が社会でどのように役立つのかを考える必要はなく、働く人々は、私たちの命令にしたがってくれていればよい、と多くの経営者は考えたのです。そうやって経営を管理する手法が、世界中で爆発的にひろがっていきました。

二〇世紀の初めにアメリカのフォードという自動車会社が、どのようにしたら車を大量に生産し、大量に販売できるのかを考えました。その結果、新しいベルトコンベアを使った生産方式を開発し、世界中に影響を与えることになります。

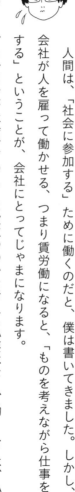

この仕組みに取りこまれた労働者は、ただただベルトコンベアに支配されて、単純な作業をこなすことが会社に求められました。仕事のスピードもやり方も、つぎつぎと部品を運んでくるベルトコンベアに支配されます。ものを考えながら仕事をすることなど、とんでもない！

「効率のよい営利事業」は、かならずしも働く人にとって楽しかったり、充実したものにはならないのです。結果として、フォードでは働く人がものすごい勢いで辞めていき、つぎつぎと入れかわるようになってしまいました。

また、そうした仕組みは、効率がよいように見えて、じつはもろくて弱い側面も持っています。機械が壊れると現場の人では対応できず、専門の人が来るまで仕事が止まってしまう。また、あたらしい発明が現場から生まれるようなこともありません。

一方で、フォードのような管理はおこなわず、むしろ「自分で考えろ」というかたちで管理をする会社もあらわれてきます。そうした会社では、利益を最大化させることを働く人みずから考えて、もっと効率的に、しかし自身の働き方は過酷にするような「自主性」を求めたのです。

「こうしろ」とはいわなければど、会社のノルマや目標が設定され、働く人がみずから必死にそれを達成するような仕組みともいえます。この場合にも、自分で直接、「社会に参加する」ことを考えるわけではありません。

あくまでも、会社の営利事業にとことんつくすことが求められるからです。あくまでも「社会」ではなく「会社」が参加の対象であり、会社の利益をあげることが労働の目的となっていました。

この、一見すると自主的なやり方は「日本型」ともいわれ、世界中から注目されていきます。しかし、当の日本では「過労死」の犠牲者が増えてしまい、「過労死＝karoshi」という言葉をそのままの発音で世界につうじる言葉にしてしまったのです。

みなさんの多くは、働きだしたら管理する側でなく管理される側になることでしょう。そうなれば、なにも考えずに働かされるにしても、自主的に会社のノルマをこなすように命令されるにしても、仕事のやり方や量を自分自身で決めることはできません。だから、どんどん無理な仕事やつらい仕事をさせられてしまう可能性があります。

そこで、働きだしたみなさんを守るために、労働法という「働き方のルール」が国によって定められています。

知っておくべき最低限のルールって？

みなさんは、学校にかよい、働く準備をしているわけですが、社会に出る前に覚えておいたほうがよい「働くルール」があります。

そのルールは、おもに法律で決められていて、前にも述べた労働法というものがそれにあたります。

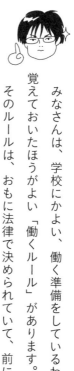

たとえば、「雇う側の人は、雇われている人を何時間以上、働かせてはいけません」、「決められた時間より多く働くときには、会社は給料を上乗せして払わなければいけません」、そして「少し仕事をミスしたからといって、会社が罰金を求めてはいけません」など、働き方に関するさまざまなルールが定められています。

お金もうけに熱中するあまり、会社は働く人たちを無理に働かせたり、場合によってはダマすようなこともします。そうしたことを防ぐのが、労働法が作られた目的です。そして、みなさんが会社に雇われ、給料をもらって働くという「賃労働」の悪い部分をやわらげたり取りのぞくことが、労働法の役割なのです。だから、この法律を知らないと、社会に出てから損をしてしまうことがあります。

みなさんのなかには、高校生になるとアルバイトを始める人も多いでしょう。おどろくことに、アルバイトで飲食店につとめてみると、皿を割ってしまったら一枚一〇〇〇円の罰金をとるような職場もあります。法律では、そういうかたちで罰金をとることが、禁止されているにもかかわらず……。

つまり、働くときに最低限のルールを知らないと、会社がズルいことをやっても気づかず、みなさんが損をしてしまうかもしれません。

気づかないならまだしも、いやな目にあってもがまんし続けたりすれば、働くこと自体がいやになってしまうこともある。そんなことで働くことがいやになったら、もったいないと僕は思うのです。

たとえば、識字率の話を例にすると、わかりやすいかもしれません。

開発がゆきとどいていない国や地域では、識字率が低い、つまり字の読み書きのできる人がとても少ないところがあります。読み書きができないと、どうなるのか。

役人は、「この土地は国のものにする」とか「税金を値上げする」というような決まりごとを人々に伝えるときに文書を使い、「ここにサインしろ」とか「ここにハンコを押せ」などといってきます。

そして、役人のなかに、自分にも土地やお金が入ってくるように、ごまかして説明するような悪い人がいたとします。もし文書が読めなければ、自分がもうかるようなウソを役人がいっても、本当のことがわかりません。

だから、自分たちが損をするような文書に、人々がサインしたりハンコを押してしまったりする。そんなことが、歴史上繰りかえされてきました。

文書が読めれば、文書の内容と役人の発言を比較できます。役人がウソをいっていれば、「いっていることと、書かれていることが違うじゃん」と人々は見ぬくことができる。

これと同じように、みなさんだって労働法をかじっておけば、会社がでたらめな対応をしたときに見ぬくことができるのです。

ルールのくわしいことは、第４章で触れることにします。

働きだしたら、どこまでがんばればよいの？

みなさんが働きだしたとき、どこまでがんばったらよいのか。本書のメインテーマですね。

それを判断するための、ひとつのツールは、法律だと思います。すでに述べましたが、働く人々に関連があるのは労働法です。労働法を無視しているような会社にいるとわかったら、けっしてがんばる必要はありません。

でも、会社が法律を無視しているかどうかを、みなさんがわかるためには、その法律自体を知っておく必要があります。そうすれば、自分のなかで「どこまでがんばって、どこまでがんばらなくてよいのか」という基準ができるでしょう。

ここでいう法律とは、繰りかえし述べている労働法という法律のことです。おそくとも、就職する前には、簡単に書かれた労働法の本の一冊くらいは、みなさんに読んでおいてほしい。

とはいえ、働く前にみなさんが知っておくべき労働に関することは、この本の後半に書いておきます。働きだすときまでに、それをしっかり覚えておいてくれればよいでしょう。

もうひとつ、大切なことがあります。重要なので繰りかえしますが、それは、ほかの会社で同じような仕事をしている人と自分を比べること。さらに、その人の働き方と比べて、自分が「どのくらい働いているのだろう」と意識することです。

自分の会社だけしか知らないと、「おまえは、まだあまい」「おまえは、仕事が遅いから、労働法は適用されない」などと上司や先輩にいわれても、「そういうものだ」と思いこんでしまうことがあります。会社のなかだけ見ていると、「会社の論理」に支配されてしまいがちになるのです。だから、「会社が定めたルール」を超えたルールとして、国が労働法を定めています。

これと同じように大切なことが、「同じような仕事」（＝同業）をしている人たちのなかには、自分たちよりも働く環境の「よい会社」があるかもしれないと意識することなのです。そして、みなさんが働く会社よりも同業で「よい会社」があるということは、みなさんはいまの会社になにかをしぼりとられている可能性があるということです。

やたらと長く働いていたり、暴言や暴力をがまんしていていているのに、同業の「よい会社」にはそのようなことがなく、同じ給料がもらえている。

そうだとすれば、みなさんがいまの会社で働きつづけることは損になりますよね？

労働市場には無数の会社がありますが、仕事の種類は限られています。当然、同じ仕事でも待遇のよい会社と悪い会社があるのです。それを市場のなかで、自分自身で選ぶことが必要になるということです。

ただ、この市場のなかで、自分で会社を選ぶということは、とてもむずかしいのです。

会社の求人って、ウソが混ざっているの？

たとえば、会社に入ってから過酷な労働をやらされる。そのことが、なぜ、あらかじめわからなかったのか、とみなさんは思うかもしれません。

でも、そこは会社もうまくやっています。就職活動（以下、就活）の際に学校の就活センターやハローワーク、そしてネットの就活サイトでチェックする求人票には、ぱっと見たらよい条件だと思わせるような言葉を、彼らはつらねてくるものです。

なかには、みなさんをわざとダマそうとするような求人もあります。僕はそういう求人を、「求人詐欺《さぎ》」と呼んでいます。

こうした「求人詐欺《さぎ》」は、お金を目的にして働く賃労働の世界だからこそ、ひろがってしまう問題です。前章でも触れましたが、会社は「社会に参加する」ことを目的にして働く人を雇ったりしません。会社にしてみれば、なるべく安くお金を払い、たくさんの仕事をしてもらうだけの関係を、働く人たちと作れればよいのですから。

では、なぜ「求人詐欺《さぎ》」がまかりとおるのでしょうか。その背景には、お金にもとづいた契約や取引は、できるだけ「自由」に許そうという考え方があるからです。これは「経済的自由」といって、日本国憲法でも国民全員に手厚く保障されている権利なのです（第二二条、第二九条）。

たとえば、八百屋さんで大根を買う。一本一〇〇円という値札がはられていたけれど、値切った上、八〇円で買った。これと同じように、会社に入るときには、残業を含まないかたちで二〇万円だったはずの給料が、入社後に契約する際、「二〇万円で残業込み」といわれ、契約書にサインしてしまう。すると、その契約は有効となってしまいかねないのです。

それは、サインしてしまうでしょう。だって、せっかく大手の会社に入れたのだし、契約をことわってクビになりたくはないし。サインして正社員になりたいし……。

そういうズルいやり方をする会社が多い。自由なのだから、「なにをしてもよいだろう」と、悪い会社は自分に都合よく考えている。ようは、自由の意味を、はき違えているのです。自由を盾《たて》にとって、「もうけるためなら自由になんでもやってよい」と考えている会社もある、ということですね（ただし、会社のまちがった姿勢を正す組織があります。それが第4章で紹介する「労働組合」という組織です）。

このように、みなさんが求人票を見ても、その会社がよいのか悪いのかは、なかなか判断できないと思う。だからこそ、求人を出している会社のなかには悪い会社もあるということを、あらかじめ知っておくことが大切です。

さらに、悪い会社に入ってしまったら、どうすればよいのかというノウハウも、知っておく必要があるでしょう。みなさんが入社してからも、落とし穴が待っているかもしれません。

「一流企業」とか「大手」と呼ばれるような会社のなかにも、悪い会社はたくさんあります。にもかかわらず、そういう会社がたくさんありすぎるので、チェックする労働基準監督署（以下、労基署）など国の機関は取りしまりきれていません。

くわしくはあとで述べますが、そんな悪い会社に入ってしまい、「これはおかしい！」と気づいたら、すぐに労働組合や弁護士（次章でみるように、労働側の弁護士）などに相談してください。

学生時代の部活で、強い日差しのなかで走りこみ、熱中症で倒れた学生がいるとしましょう。すると、部活の顧問が父兄から「どんな指導をしているのだ」といわれたりします。そして、学校がその顧問を指導するなり、ＰＴＡが学校にクレームをつけるなど、なんらかの対処をしてくれることが多いでしょう。

でも、学校と会社は違います。会社の場合、働きすぎて倒れても、助けてくれる人はたいていの場合、いません。「あなたは体力がないから倒れるんだ」とか「気合が足りない」などと、会社はいいくるめてきます。なにしろ、会社は利益を出すのが目的で人を雇っているのであって、学校のように教育が目的で人がかようところではありませんから。

ひどい話ですが、働きすぎたのが原因で、つまり過労で死んだ人に対して、遺族が裁判で争ったとしても、多くの会社は「死んだのは、その人が悪かったからだ」と主張します。膨大な裁判の事例がありますが、これまでほとんどの会社がそう主張してきました。

会社の経営者は、簡単に「会社の責任で彼（彼女）は死にました」と認めてしまうと、賠償金を請求され、もうけが減ってしまいます。そうなれば、お金を投資している株主に会社が怒られてしまう。かといって、社員を楽に働かせても、利益が出なくなって株主に怒られる。

だから、こき使った上、その人が心や身体を病んだり、死んでしまうとその人のせいにして、悪い会社はすぐに新たなスタッフを雇おうとします。そして、そのスタッフも同じ目にあっていく……。そんな循環を繰りかえしているのが、悪い会社の最大の特徴です。

もちろん、悪い会社ばかりではありません。しかし、悪い会社は実際にあるし、増えている。だからこそ「ブラック企業」という言葉が日本ではやっているのです。

何度もいいます。そんな会社に入ってしまったら、がんばる必要などありません。

経営者って、つらいの?

生徒がいじめにあっていて、その生徒はつらくて学校に来なくなる。あるいは、死んでしまった。

そんなときに、学校や教育委員会の人たちが「いじめはなかった」、あるいは「知らなかった」というたぐいの事件が多発しています。責任のがれのズルい体質ですね。

他方、会社の体質は、学校や教育委員会とは少し違います。さきほど述べましたが、そもそも会社というものは、働く人々に給料を払うために経営しているわけではありません。会社を設立してくれた人や会社を支えてくれる株主、さらには借りたお金を銀行に利子をつけて返すため、利益を増やさなければならないのです。

利益を増やすためには、働く人々の給料をなるべくおさえ、その分を株主たちに支払う。そんな責任を会社の経営者は背おっています。経営者は労働法で守られていないので、その責任をはたせなければ、いとも簡単に株主からクビにされてしまいます（ただし、みなさんの「能力」を引きあげることで利益を出そうとする会社もあり、そういう会社は区別する必要があります）。

すなわち、働く人々を安い給料で働かせるということは、自分の立場や地位を守るために経営者がおこなう、当然のことだともいえるわけです。

そういう意味では、役人である学校の幹部や教育委員会の人たちと違い、経営者たちはみずからも追いつめられたかたちで、自分の立場を守るために、より弱い立場で働く人々を使いすてにしている、ともいえるのです。

だからといって、悪い会社の経営者をかばうつもりはありませんし、働く人々をつらいめに合わせている経営者を許すこともできません。

もちろん、まともな経営をして業績を上げている経営者もたくさんいます。それでも、現代の会社というものが、こういう仕組みでまわっていることを、みなさんに知っておいてもらいたいとも思っています。

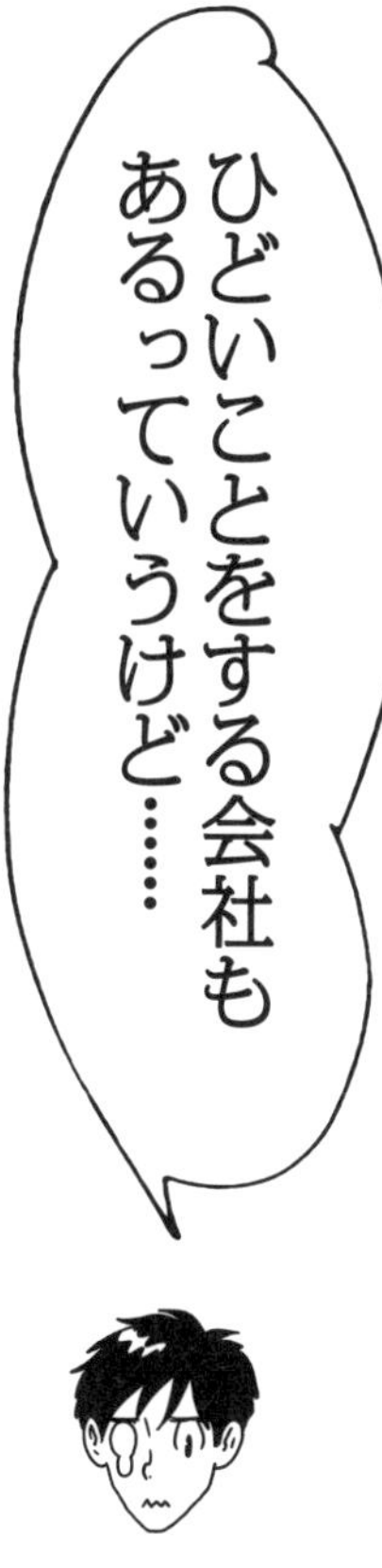

さて、あくまでも僕が知る範囲での話ですが、社会で働く人の多くは、他人に命令されて働くのが本当はいやだったり、違和感をいだいているように見えます。一方、自分で決めたことを、自分で実行しながら働けたら、楽な気持ちで働けるのはまちがいありません。

とはいえ、学校を出たばかりで、社会人としての経験が少ない新卒の人たちに、人に雇われないかたちで働くのはどうかとすすめてみても、それはむずかしいことです。よって、多くの学生は、卒業すると会社に入り、人に雇われ、給料をもらうというかたちで働くことになるわけです。

問題なのは、お金を払っているということにつけこみ、会社がみなさんにひどい仕打ち

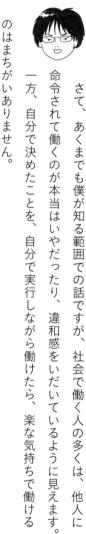

をすることもある、ということです。

たとえば、みなさんのまじめさやがんばりを利用して、理不尽な命令をしたり、約束していないことをやらせようとする会社も、実際にあるのです。さきほど述べたブラック企業のことですね。

会社が人を雇って働かせるという仕組みのもとでは、働く人たちをこき使うなど暴走しても、「ほかの会社との競争があるから仕方ないのだ」と正当化されがちです。つまり、会社の内部ではその暴走をコントロールできなくなることがあるのです。しかも、問題が起きても、会社の外側にその問題は見えにくいものです。

だから、その仕組みのなかで働く人たちを守るためには、社会が会社をコントロールする必要があります。

そんなわけで、働く人を守るための労働法があったり、いまよりマシな働く環境をきづくための社会政策があったりするわけです。

にもかかわらず、法律や政策を無視して、働く人たちの身も心もぼろぼろにしてしまうような、ひどい会社もあるというのが、いまの日本の大きな問題となっています。

よい会社って、どんな会社？

では、「よい会社」とは、どんな会社なのでしょう。まず大きな前提として、労働に関する法律、つまり労働法をしっかりと守っている会社だといえます。その上で、株主たちの要望に応える手段が、けっして働く人々を使いすてにすることだけではないと、経営者がわかっている会社です。

ようは、利益をあげて、株主たちを満足させればよい。働く人々を使いすてにしないやり方で利益をあげることだって、やろうと思えばできるわけです。

働く人々の能力をのばして、仕事に関する知識を増やして、やれる仕事の幅をひろげ、そうした試みを続けることで、ほかの会社よりも品質のよい製品を作り、ほかの会社よりもよいサービスを展開する。こうして利益を出そうとする会社は、働く人にとって働きがいのある、よい会社だといえるでしょう。

ただし、ここで注意しなければならないことがあります。一九五五年から七三年まで続いた「高度経済成長期」の日本では、働く人々の能力をのばすことに会社が力を入れました。その能力で技術があがり、会社も成長し、給料もあがった。一見、よい循環だったようにも思えます。

一方で、その時代の働く人々は、残業などいとわず、長い時間を働いてきたという事実もあります。そのペースについていけない人は、病気になったり辞めたりしました。もちろん、現在のブラック企業ほどではないかもしれませんが、昔からつらい労働環境の職場はあったということです。

そして、高度経済成長期の日本は、「働く人々ががんばって、会社も成長して」という「ウィン・ウィン」(お互いが勝利する、という意味)の状態に見えますが、じつは世界で初めて「過労死」という言葉を生みだしたことは、すでに述べました。

つまり、「能力をのばしてくれる会社」も、無理な働き方を求めるあまり、「やりがい」どころではなくなることもあるのです。

過労死でとくに多いのは、中高年の男性です。課長や部長など、責任のある役職につくことで、あまり休めなくなってしまい、死ぬまで働いてしまうというわけです。

みなさんに知っておいてもらいたいので繰りかえしますが、「過労死＝karoshi」は、英語圏を初め、世界でそのまま通用する言葉として流通しています。「津波＝tsunami」と同じように。

もうひとつの、「よい会社」のパターンがあります。それは、第４章で説明するような「労働組合」がしっかりしていて、会社が組合と話しあい、社員に無茶な働かせ方をさせない会社です。そうした会社では、労働時間が長くなりすぎないようにするなど、働き方が配慮されている場合が多い。

これと関連して、「同じような仕事」をしている会社でも、労働時間や給料の額は違います。「同じ仕事」なのに、より短い時間で、よりたくさんの給料をくれる会社があるかもしれない。そのような会社も、よい会社だといってよいでしょう。

何度も繰りかえします。だからこそみなさんは、別の会社で同じ仕事をしているのに、自分らよりも条件のよい人がいるかもしれないと、いつも思っている必要があります。そして、じつは、そうした会社には「労働組合」があることが多いのです。

さらに、よい会社のケースをあげます。非営利の会社は、よい会社になりやすいといえるでしょう。お金をもうけること、つまり株主への配当を目的とせずに、働く人たち自身で利益を分けあう仕組みの会社です。こうした会社は、まだまだ日本では少ないものの、これから増えていくことを期待しています。

ただし、非営利の会社のなかにも、市場でうまくお金を稼ぐことができないために、労働条件が悪いところもあります。株主への配当の支払いを目的にはしていないけれども、市場でお金を稼げなければ、結局、働く時間が長くなったり、給料が安くなってしまう。だから、すべての非営利の会社が、よい会社というわけではありません。

いずれにしても、ここで紹介したよい会社は、働く人を必要以上にこきつかい、利益をしぼりとる、すなわち過剰に「搾取《さくしゅ》」（しぼりとる、の意）して利益を得ようとはしていない会社です。そういう会社では、みなさんの給料を安くすることでもうけを増やす、というやり方が抑えられています。

高度経済成長の時代が終わり、「低成長」社会となった日本。よい会社が増えることにより、働く人々が安心して働き、生活できるような環境が求められています。だから、いまこそ、それを実現するための労働組合や非営利の会社の存在が求められているのです。

第4章

まずは「働くルール」を覚えよう!

「働かせる」ことと「働くこと」の立場の違いは？

この章では、みなさんが働くときのさまざまな「ルール」について、それぞれくわしく紹介していきます。いわゆる「労働法」というものです。

すでに述べたように、いまの時代の労働は「お金のための労働」である賃労働になっています。働く目的が直接、社会に必要なものを作ることにはありません。お金を稼ぐために会社は人を雇い、労働者は会社に雇われるのです。

このように、お金をとおして労働をおこなう「賃労働」では、なるべく「きびしく」、「安く」働かせて利益を出したい会社と、自分の生活を守りたい雇われる側とのあいだで利害の対立が起きてしまいます。

この「立場の違い」が、労働法を知る上で、一番大切な出発点になります。

もちろん、一つひとつの会社を見ていけば、働く人々と会社とが一緒に成長する「ウィン・ウィン」の状態になっているケースもあるでしょう。とくに、高度経済成長期と呼ばれた時代には、会社の成長と働く人の成長は一緒に進みました。

しかし、高度経済成長期が終わってからは、会社側が一方的に「ウィン」する、つまり「勝つ」状況が急激にひろがってきました。

たとえば最近、もともとあった正規雇用（以下、正規）の人数を非正規雇用（以下、非正規）に振りかえる経営者が増えています。非正規となってしまった労働者は、正規よりも、時間あたりにもらえる給料が少なくなる。また、なにより「いつ首を切られるかわからない」という状況で働くことになります。「終身雇用」という言葉があるように、正規の労働者は簡単にクビにはできません。でも、非正規だとそれができてしまうからです。

よって、非正規の労働者は、生活がとても不安定になってしまいます。一方で、非正規が増えると、経営者は労働者に払う給料を低く抑えることができる上に、自分たちの好きなときに労働者を増やしたり減らしたりできるので、かなり得をします。

問題は、非正規だけではありません。最近は、若者を使えるだけ使って、最後に捨ててしまう「ブラック企業」がとても増えています。これも、若者ばかりが「損」をする一方で、自分たちのいうことをよく聞く社員を死ぬまで働かせることができているので、とうぜんブラック企業は得をしています。

非正規とブラック企業。両者の関係は、働く側と働かせる側が「ウィン・ウィン」の関係などではなく、働かせる側が一方的に得をすることになります。

ただ、気を付けてほしいのは、「立場が違う」からといって、不真面目に働いてもよいということではありません。働くからにはまじめに働かなければならないことは、いうまでもないことですね。それを前提にして、それぞれに立場があるということです。

なぜ会社の立場が強くなるの?

みなさんのなかには、いまのように説明すると、「なぜ会社ばかりが一方的に『勝つ』ことが多いのだろう?」と疑問を持つ人がいるかもしれません。しかし、よく考えてみれば、これは当たり前のことです。

たとえば、みなさんが仕事を探すとき、会社側は仕事を求める多くの人のなかから、時間をかけてじっくり選ぶことができます。それに対して、仕事を求めるみなさんは、ゆっくりしてはいられません。それはなぜか？

賃労働をしなければ、つまり人に雇われて働き、お金をもらわなければ、生活が立ちゆかなくなってしまうからです。だから、みなさんは、もらえる給料の額に不満があったとしても、どこかに就職せざるをえません。一方、会社は自分たちに有利な条件で人を採用できるというわけです。

また、就職したあとも、この関係は続きます。経営者のなかには、いうことを聞かないなど、自分たちに都合の悪い社員がいれば、辞めさせることができます。会社にとって、社員は大勢のなかのひとりにすぎない、「替えがきく」存在だからです。なにか気に入らないことがあれば、また別の人を雇えばいい。会社はこれが可能です。

ところが、働く人々は、いくら会社に不満があっても、勤めている会社をそう簡単に替えることはできません。会社を辞めたとたん、自分たちの生活を支える給料が入ってこなくなるからです。

たくさん貯金をしていれば、ある程度の期間は生活がもつかもしれません。でも、次の仕事がすんなりと見つかる保証はどこにもありません。それこそ、子どもを育てている親だったら、一カ月分の給料であれ、もらえなくなってしまうのは死活問題につながってしまいます。

このように、働かせる側と働く側のあいだには「非対称な関係」（対等ではない関係）があることから、放っておくと会社が一方的に「勝つ」ことになるのです。

「ひどい経営者」の歴史とは？

こうした、働く側の立場が弱いという状況を利用して、経営者はお金を稼ぐため、過去にさまざまなひどいことをしてきました。

戦前の話です。当時、「前借金《ぜんしゃくきん》制度」というものがありました。これはその名のとおり、働く人が働きはじめる前に、経営者に借金をするという制度です。「前借金《ぜんしゃくきん》」をしてしまうと、その人はどんなにつらくても、その仕事を途中で辞めることができなくなります。

貧しい農家の子どもを標的にして、経営者に雇われた業者が親に「前借金《ぜんしゃくきん》」で給料を支払い、つれていってしまうというやり方が大々的におこなわれました。子どもを前借金《ぜんしゃくきん》で売りださなければ、親は貧しさから抜けだせない。だから、仕方なく子どもを売りだしたのです。

また、当時は「強制労働」がおこなわれていました。現在、人が働くときは、自分の意志で働くことになっています。強制労働というのは、自分の意志ではなく、経営者などほかの人に強要されておこなう労働のことです。日本では、戦前の北海道などで、「タコ部屋」と呼ばれる狭い部屋に罪を犯した人などを監禁し、逃げないように足に鉄球をつけさせたりしながら働かせたのです。

「前借金《ぜんしゃくきん》」や「強制労働」といった働かせ方によって、経営者は多くのお金を稼ぐことができます。なぜなら、給料を増やさずに、人々を好きなように働かせることができるからです。普通、人に一生懸命働かせるためには、給料をたくさんあげるなど、「報酬」によって動機づけする必要があるのですが、それが必要ありません。

一九六八年、山本茂実《やまもとしげみ》という作家によって書かれた『ああ野麦峠《のむぎとうげ》』（角川文庫）というノンフィクション（事実にもとづいて書かれた作品）の小説があります。この作品の主役は、明治から大正時代に実際に存在した一三歳前後の女性たちです。ちょうど、みなさんと同じくらいの年齢ですね。

岐阜《ぎふ》県で暮らす彼女たちは、家の借金を返すために、吹雪《ふぶき》のなか、野麦峠《のむぎとうげ》という峠を越えて長野県の製糸工場へ働きに出ます。その工場では、わずかの給料で、一日に一三時間から一四時間という長い時間働かされ、病気になっても休ませてもらえない。とてもきびしい働き方をさせられていました。

さらに、彼女たちが共同で暮らす寄宿舎《きしゅくしゃ》には逃げ帰れないように、鉄の柵がめぐらされていたといいます。こうした、前借金《ぜんしゃくきん》制度でしばられた上での強制労働のなかで、亡くなった女性、それもみなさんと同年代の女性がたくさんいました。

現在、前借金《ぜんしゃくきん》制度や強制労働は法律で禁止されています。とはいえ、このようなひどい働き方をさせられる人たちが、たった一〇〇年ほど前の日本には大勢いたのです。

また、戦後の高度経済成長期には、仕事中の事故が多発しました。

たとえば、かつては炭坑労働というものがありました。石炭を掘る仕事です。石炭は、鉱山にトンネルを掘って、人が地中にもぐりながら採っていたのです。これがとても危険な作業で、たくさんの石炭を掘ろうとするあまり、トンネルが崩れて、一度に多くの人が地中に埋まるという事故がよくあったといいます。

建設現場や製造工場でも、作業を早く進めようとするあまり、無理な働き方をさせて、たくさんの人が亡くなりました。

一見、こうした事故は、偶然でどうしようもないもののように思えます。しかし、会社が自分のもうけを増やすために、安全対策にお金をかけていなかったり、無理な作業スケジュールを命令するために、こうした事故が起こっている場合も多いのです。

どうしても防げないような不慮の事故をのぞけば、人が死なないよう安全に細心の注意を払うことによって、たいていの事故は防げるでしょう。でも、そうするともうけが少なくなってしまいます。

「もうけをとるか、人の命をとるか」という状況のなかで、もうけをとってしまうと事故が起き、犠牲になる労働者が増えてしまうのです。

その後、これから説明する「労働法」の活躍もあり、日本では仕事中の事故死は減少しました。とはいえ、現在でも危険な労働はあとを絶ちません。最近でも建物の建設を急ぐために、危険な作業をして人が亡くなるような事件は、しばしば起こります。

また、利益を大きくするため、一台のトラックに限度を超える量の荷物を詰めこむ「過積載《かせきさい》」が、いまも横行しています。長時間の運転が原因の居眠り事故もたえません。過積載《かせきさい》や過労の結果、トラックが事故を起こし、運転手だけではなく、巻きこまれて死んでしまう人も出ているのです。だから僕は、車で道を走るときには、なるべくトラックに近よらないようにしているほどです。

これまで見てきた前借金《ぜんしゃくきん》制度、強制労働、過労死、そしてブラック企業といった問題は、「もうけをとるか、人の命や健康をとるか」という「対立関係」のなかで生まれています。

また、放っておけば、すべての会社ではないにせよ、強い立場である働かせる側の思うとおり、「もうけをとる」ということになってしまいがちだ、ということも見てきました。では、どうすればそれらの問題が解決するのでしょうか。

そこで登場するのが、労働法です。これから見ていくさまざまな労働法は、この「もうけをとる」という会社の振るまいにストップをかけ、「人の命や健康をとる」ことを進めるためのものです。

早速、労働契約法、労働基準法、そして労働組合法の順に見ていきましょう。

約束は守らなければならない——労働契約法

みなさんは会社で働くとき、通常、「労働契約」を会社とのあいだに結びます。契約とは、簡単にいうと「約束」のことです。そして労働契約というのは、みなさんから見れば「○○という会社で働く約束」ということであり、みなさんを雇う経営者からみれば「みなさんを雇って給料を支払う約束」ということになるでしょう。

そして、この契約に関してのルールが「労働契約法」というものです。このルールにはいくつかポイントがあります。

ひとつは、この約束をする両者は、お互いに対等な関係でなければならない、ということです。昔のように、「貴族」や「武士」などという身分制度は、いまの社会ではありませんから、なにかをするとき、身分によって有利になったり不利になったりすることなど、原則的にはありません。

誰かと誰かが取引をするときには、「対等な立場で、自由な意志によって」おこなわなければならない、ということになっています。労働契約も取引のひとつである以上、それが当てはまるということです。

もうひとつは、「契約に書いていなくても、守らなければならないことがある」という点です。「契約に書いてあることを、守らなければならない」というのは当たり前なので、説明する必要はありませんね。しかし「契約に書いていなくても、守らなければならないこと」とは、どんなことなのでしょうか。

たとえば、みなさんが友だちにマンガを一週間だけ貸すと約束した、とします。ここで、友だちに期待することは、「一週間以内にそのマンガを返してくれる」ことになる。約束した内容なので当然ですね。でも、友だちに守ってもらいたいことはそれだけでしょうか。もし、友だちがそのマンガを雑にあつかって、一部のページがやぶれ、読みづらくなっていたらどうでしょう。あるいは、あるページにマジックで落書《らくが》きがされていたらどう思いますか。一週間以内に返してもらったとしても、みなさんは納得できるでしょうか。

当然、納得できないと思います。「マンガを一週間貸す」という約束のなかには、たとえそれを事前にいっていなくても、「やぶかない」とか「落書《らくが》きしない」ということも含まれると考えるのが普通だからですね。これこそが「契約に書いていなくても、守らなければならない」ことです。

労働契約においても、同じことがいえます。たとえば「パワーハラスメント」（以下、パワハラ）や「セクシャルハラスメント」（以下、セクハラ）なども、会社と労働者の契約で「パワハラ／セクハラを会社はしません」とわざわざ書いていなくても、当然、契約の内容に含まれることになっています。

だから、契約書どおりみなさんを働かせたり、給料をわたさなければならないのとは別に、会社はパワハラやセクハラを防止しなければならないのです（パワハラやセクハラについては、第5章でくわしく説明します）。

また、「一度、労働契約を交わせば、それを簡単に解除してはいけない」ということ、つまり「（本当に特別な事情がなければ）簡単にクビにしてはいけない」ということも、「当然のこと」として法律のなかで決められています。契約書に書かれていないからといって簡単にクビにしてしまえば、働く人の生活が成りたたなくなってしまうからです。

ただし、労働契約はお互いの約束ですから、契約を結んだあとは、みなさんの側には「まじめに働く義務」が生じます。そして、学校の先生たちは、この「まじめに働く義務」

の話ばかりをしていると思います。

日本では、働く側の「権利」について、学校でほとんど教えてくれません。よって、若い人がいざ働くという段階になると、命令されるがままに「過労死」するまで「義務」を守っしまったりするのです。

だから、ぜひこの機会に「働く側の自分からも、主張できる権利があるのだ」ということを覚えておいてください。雇う側と働く側との契約は対等なものです。次に見るように、死ぬまで働かされるような義務など存在しないのです。

働く人は国が守ってくれる——労働基準法

労働契約法においては、約束していなくても、会社の側に守らなければならないことがある、という話をしました。今度は、逆に「約束したとしても、その約束を守る必要がないこと」について取りあげます。

世の中には、たとえふたりがなにかに同意して約束していたとしても、やってはいけないことがあります。たとえば、AさんとBさんが話しあって、「いまからAさんがBさんをぶんなぐる」と約束したとします。

しかし、いくら両者で約束していたとしても、それは許されないことでしょう。実際、もしAさんがBさんをぶんなぐってしまえば、警察がやってきて、Aさんは傷害罪で罪に問われてしまいます。これと同じように、会社と働く人との契約内容とは無関係に、「やってはいけないこと」を決めたルールが「労働基準法」(以下、労基法)です。

では、なにが「やってはいけないこと」なのか。キリがないほどたくさんありますが、まず取りあげるとすれば、残業代に関するルールでしょう。

労基法では、一日に八時間を超えて働かせる場合には、超えた部分について、原則として二五%増しの給料を支払うことが義務づけられています。時給一〇〇〇円で働いている人の場合、その日に八時間以上働いた分については、時給一二五〇円で計算して給料を払わなければいけない、ということです。

これは、それぞれの契約内容とは無関係に定められた「最低限」のルールなので、みなさんが会社とそのような約束をしていなくても、逆に「ウチの会社では、残業をしても二五％割増で払いませんよ」という約束をしていたとしても、強制的に払わなくてはならないということになります。

だから、将来、みなさんが働いている会社で、ちゃんと割増で残業代が支払われていなかったとしたら、そうした状況を労基署という機関を使ってあらためさせることができるのです。

労基署は、日本全国にある国の機関で、労働法を会社に守らせるための「警察」の役割を担っています。街中で傷害事件が起きたときには、警察が現場にやってきて、捜査をします。そして、容疑者を逮捕しますね。

それと同じように、労基署の職員である労働基準監督官も、労基法に違反があれば捜査して、違法なことをしている会社の経営者を逮捕したり、罰金を払わせたりすることができるのです。場合によっては禁固刑、つまり経営者を刑務所に入れることも可能となっています。

だから、みなさんが会社に入って、給料の支払いについて「なにかおかしいな」と思ったときには、たとえ会社が「それはあなたには払わないって約束したでしょ」といってきたとしても、あきらめないでください。

それが法律を守った上での約束なのか、破った上での約束なのか、労基署に聞いてみるのもよいでしょう。

また、労働災害（以下、労災）に関するルールも知っておくべきです。仕事が原因でケガや病気にかかった場合、それは働いていた人の責任でなく会社の責任なので、ケガや病気の治療費や仕事ができない期間の給料は会社が保障しましょう、というのが労災の考え方です。

そして、労災に対して確実に最低限の保障がなされるように、国は「労災保険」という保険に加入することを会社に義務づけています。

もちろん、労災の被害にあったときに、治療費などとは別で、慰謝料や損害賠償なども会社に払ってもらうよう交渉することもできます。なぜなら、「労働安全衛生法」という法律で、働く人の健康を守ることが会社には義務づけられているからです。

働かせすぎて病気にさせたり、ひどい環境でケガをさせた場合には、いくら「それでよいと契約で約束していた」と主張しても、その責任を会社はとらなければなりません。

また、いくら「お前の不注意だ」などと主張しても、会社は法的な責任からのがれられないのです。

自分で自分を守る権利——労働組合法

とはいえ、いくら労基法で「残業代を払わなければならない」というルールが決められていたとしても、少しでももうけを増やしたい会社は、なかなか払ってくれないのが現実です。

「なぜ?」と思うかもしれません。「会社がルールを破っているなら、かならず国が取りしまってくれるんじゃなかったの?」と。たしかに、そのために「労働の警察」である労基署があるのですから。

でも、考えてみてください。一クラス三〇人くらいの教室で、授業中に生徒の何人かがしゃべっているとしましょう。クラスの人数がその程度なら、先生はその生徒たち一人ひとりに注意できるかもしれません。しかし、もしクラスの生徒数が五〇人、一〇〇人、一〇〇〇人と増え、しゃべっている生徒も何十人、何百人となっていったらどうでしょう。

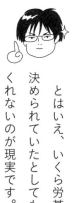

誰がしゃべっているのかわからず、一人ひとりに注意するなんて不可能です。労働法を守らない会社を国が取りしまる場面においても、じつは同じようなことが起きています。労基署も忙しくて、すべてのルール違反にいちいち対応できないというわけです。

だから、よく「労基法は、道路交通法と同じくらい守られない」といわれます。つまり、街中でよく見る信号無視や一時不停止などといった交通違反と同じくらいたくさん、働く人に対する会社のルール破りがおこなわれているのです。

では、いま、実際に職場で問題になっている会社のルール違反をどうやって取りしまるのか。労基署に代わって、会社の違法行為を正したり、改めさせたりすることを目指すのが「労働組合（ユニオン）」という団体です。

労働組合とは、働く条件の改善などを目的に活動する団体で、働いている人であれば誰でも入ることができます。組合は、おもに給料をあげる交渉やルール違反などおかしなことをしている会社との「話しあい」をします。それを法律用語で「団体交渉」といいます。

ただ、交渉といっても、話しあっているだけでは、会社は自分の悪いところを認めようとしないこともある。なぜなら、この章の最初で書いたように、働く側と働かせる側の関係は「非対称」で、働かせる側、つまり会社のほうが圧倒的に「強い」からです。

だから、労働組合は、会社がやっているルール違反を街中で宣伝したり、「ストライキ」といって、問題が解決するまでその会社で働くことをストップさせたりします。問題の解決までのあいだ労働を拒否することで、改善を求めることができるのです。

たったひとりの働く側と会社とでは、会社が圧倒的に強い。でも、働く人がたくさん集まれば、「対等」になる。人が集まり、交渉力を高めることができるのです。

組合は、国が取りしまりきれない会社のルール破りを、国の代わりに取りしまっているといってもよいでしょう。そして、国が労働組合に関して決めたルールが「労働組合法」という法律です。

この法律には、「働いている人は、誰でも労働組合に入れる」ことや、「労働組合が会社になんらかの改善を求めたら、会社はそれを絶対に無視してはいけない」ことなど、労働組合に有利なルールがたくさん定められています。

会社が働く人の命や健康よりも、もうけることを優先することに歯止めをかける。そのためにあるのが労働法だといいました。そして、その労働法はまた、実際にそのルールを守らせるために、労基署という「労働の警察」を設置するとともに、働く人々がつながることによって会社とさまざまな交渉ができるよう、労働組合法を制定しているのです。

働く現場は「ルール」で成りたつ？

働く人の命や健康を守るために労働法が必要だ、ということを説明してきました。労働法にはもっと大きな意味もあります。戦前の働く環境について、さきほど日本の例をあげましたが、今度はイギリスの例をあげましょう。

一九世紀のイギリスでは、労働法がきちんと作られておらず、児童労働や長時間労働が大きな問題となっていました。会社のもうけのために、まだ身体ができあがっていない子どもを、一日に一三時間という長い時間、平気で働かせていたのです。

なんと朝七時から夜八時まで働かせている、という計算です！　学校の授業時間よりも長い。それも勉強させず、きつい労働をずっと、です。くわえて、工場や宿舎の衛生状態は悪く（そのほうが安上がりだから）、食事や寝る時間も満足にとることができない。

そのため、ロンドンの働く人々の平均身長が急激に縮んだり、平均寿命がなんと二〇代に落ちこんだりしていました。また、働いているおとなもひどく低い給料しかもらえず、多くの人々が貧しい状態でした。

こうした最悪な労働環境は、働く個人の命や健康の問題だけでなく、社会全体の問題になっていきます。平均寿命がそこまで低いということは、それだけおとなになる前の人たちがたくさん死んでいるということです。

おとなが貧しい状態であれば、家庭を持ったり子どもを育てることなどむずかしく、それでは社会がまわっていきません。人口が減少すれば、産業や国力もおとろえてしまいます。身体が弱った人ばかりのイギリスは軍隊も弱くなり、南アフリカでの戦争（第一次ボーア戦争）でぼろぼろに敗北することになりました。

それゆえに、イギリスでは「工場法」と呼ばれる、世界で初めての労働に関するルールができたのです。逆にいえば、この章で見てきたさまざまな「ルール」というものは、放っておけば危機にひんしてしまいそうな「労働者を取りまく環境」を守るためにある、といえるでしょう。

現在の日本では「ブラック企業」と非正規がひろくはびこり、法律の対策は不十分です。そうしたなかで、人口が減少している。この事実は、いま見てきた一九世紀のイギリスの経験とまったく同じコースをたどっているように、僕には見えます。

考えてみてください。非正規で働くことが原因で貧しくなったり、過酷なブラック企業で働いていては、結婚したり子どもを育てることは、とてもむずかしくなりますから。

専門家にも「立場」があるの？

労働法を使って、働く人たちのトラブルについて解決してくれる機関として、この章では労基署と労働組合を見てきました。では、法律の専門家というイメージの強い弁護士はどうでしょうか。
たしかに弁護士は、法律に関する知識を豊富に持っています。しかし、気をつけてほしいのは、弁護士なら誰にでも相談すればよい、というわけではないことです。働く人たちのトラブルに取りくむ弁護士には、まず、大きく分けて二種類の弁護士がいます。経営側の弁護士と、労働側の弁護士です。

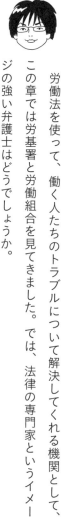

経営側の弁護士は、その名のとおり、経営者のために仕事をする弁護士です。彼らは経営者たちからお金をもらって仕事をしているため、働く側に立って弁護をすることは得意ではありません。

そして、経営側でも労働側でもない弁護士、つまり「労働」を専門にしていない弁護士の場合には、専門的に助けてもらえる可能性がとても低くなってしまいます。だから、経営側の弁護士でも、一般の弁護士でもない「労働側の弁護士」が、働くみなさんの、一番の味方になってくれるということです（巻末の資料を参照）。

「弁護士に相談するときは、労働側の弁護士に」。これを忘れないようにしてください。

「であること」と「すること」

労働法は、社会を、そしてみなさんを守ります。それはみなさんに、「ルール」にもとづいた「権利」を与えてくれるものです。

じつは、「ルール」にもとづく権利を使うことは、最近、話題になっている「民主主義」にとってもきわめて重要なことです。くわえて、みなさんが権利を使うことは、「政治的」にも大切なことだといえます。

とても著名な日本の政治学者・思想家である丸山眞男《まるやままさお》さんが書いたもので、『「である」ことと『する』こと」（『日本の思想』岩波新書）という有名な文章があります。

そこでは「時効をすぎると貸した金を返してもらえない」という話がでてきます。これは、お金を貸した側は、借りた側に催促《さいそく》をし続けないまま一定の期間を放置すると、お金を返してもらう権利がなくなるという法律の話です。

丸山さんは、自分が法的にお金を返してもらう権利を持つ人「である」ことに安心してしまい、実際にそのお金を返してもらうための行動を「する」ことをサボってしまうと、もともとあったお金を返してもらう権利すら失ってしまう、といいます。

つまり、だまっているのではなく、行動し、使うことで初めて、本当の意味で権利を持っているといえるのだ、と説いているのです。

同じ話は、労働法についてもいえます。労働法の上では、残業代は二五％の割増で払わなければならない、という話をしました。だからといって、みなさんの残業代がちゃんと払われなかったときに、自動的にそれが戻ってくる、ということではありません。

労基署や労働組合、労働側の弁護士を使うなどして、自分自身で積極的に権利を使って、初めて、未払いだった残業代を取りかえせるのです。つまり、働く者としての権利は、それを実際に使わなければ、持っていないのと同じことになる、ということです。

みなさんが実際に権利を使うことによって、一つひとつのルールを「現実のもの」にしていきます。それは、法律で定められているとおりに、会社が過労死を出さないような社会を作るということにつながります。

そして、ひとりが権利を使うことによって会社の姿勢を変え、ほかの人への違法行為も減っていくということにもなります。

第5章 アルバイトをはじめる前に

どこでアルバイトをしたらよいの？

まず、何歳からアルバイト（以下、バイトという）ができるのでしょう。

労基法は、「使用者は、児童が満十五歳に達した日以後の最初の三月三十一日が終了するまで、これを使用してはならない」（第五六条）と定めています。

いいかえれば、中学三年生が終わる日までの中学生を、会社は雇ってはならないということです。これは原則で、場合によってはもっと低い年齢でも働けます（家庭の事情があり、学校長が認めているような場合です）。

では、アルバイトをする職場は、どう探したらよいのでしょうか。いうまでもありませんが、ネットを見ればいくらでもあるし、近所の店に張られた募集を見たり、友だちに紹介してもらう場合もあります。

もちろん、みなさんのなかには、どんな仕事をしたらよいのか迷う人もいるでしょう。

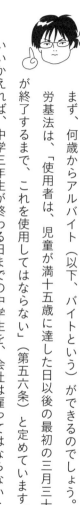

コンビニや飲食、宅配、そして運送など、高校生になればいろいろな仕事ができるようになりますから。

でも、繰りかえしますが、「自分がなにに向いているのか」とか「なにをやったらよいのか」などと、無理に中学生や高校生のうちに決めつけなくてよいと思います。まずは、なんでもやってみればよいと思います。

あと、バイトをやっておくと、大学生になってからの就活に有利だ、などといわれます。しかし、それは不確かな情報で、学生時代にバイトをやったからといって、就活に有利だとは限りません。

ブラックバイトってなに？

なんでもやってみればよい、といってみたものの、バイト先を選ぶのにあたって、注意したほうがよいことがあります。それは、バイト先のなかには、「ブ

ラックバイト」と呼ばれるような職場があるからです。

前にも述べましたが、現代の「労働」の仕組みは、会社が働き方の約束をした上で人を雇い（雇用契約）、雇った人に会社が給料を払うという仕組みになっています。あらかじめ約束が決められていなければ、労働者はどこまでも働かされてしまうかもしれませんし、約束が守られなければ、やはり死ぬまで働かさせれてしまうかもしれません。

しかし、すでに見たように、約束を守らない会社が世の中にはたくさんあります。たとえば、「どれだけ働いたら、これだけの給料だ」という約束があっても、決められた時間より多く働かせるような会社があるのです。なかには大学にかよえなくなったり、テストを受けさせてもらえなかったという被害も出ています。

このように、約束を守らず、心や身体が壊れるくらい働かせるような最低の会社を、「ブラック企業」と呼ぶことは、すでにおわかりですね。

最近では大学生や高校生のバイトでも、契約の内容を無視したり、無理な働かせ方をする会社が出てきていて、それはブラックバイトと呼ばれています。ブラックバイトでは、学校生活ができなくなるような働かせ方が問題になっています。

高校生にしろ大学生にしろ、学生がブラックバイトをするようになると、さまざまな問題が起こってきます。心や身体が壊れる可能性があるのはもちろん、なにより勉強する時間がとれなくなります。

勉強ができなくなると、一生にわたって重要になる「学力」を身につける機会を失い、ひいては社会に出て働くときに大きな影響をおよぼすことになってしまいます。

みなさんがバイトをする理由は、親に生活費の支援をすることであったり、奨学金を返すためであったり、買いたいものを買うなど、いろいろあることでしょう。しかし、どのような理由があるにせよ、将来がつぶされてしまってはかないません。

ブラックバイトは、みなさんから未来をうばってしまいます。ただし、働きだしてみないと、「ブラック」かどうかがわからないことも多い。それが実情なのです。

学生をこきつかうブラックバイトの事例を教えて

　二〇一四年、大学一年生の五月に求人サイトから、大手チェーン店で働くことになったAさんの事例をあげてみましょう。

　Aさんは週四回程度働いて、月に五万円程度の収入を稼ごうと思い、バイトを始めました。

「しゃぶしゃぶ温野菜」という、とても有名な全国チェーンの店です。

　しかし、Aさんは、入社後、どんどん仕事を押しつけられ、忙しくなっていったそうです。週五日もしくは週六日の勤務となり、営業中の接客や皿洗いだけでなく、閉店後の片付け作業もまかされるようになります。

　片付け作業の内容としては、大量の食器の洗浄と洗い場のシンクの清掃、ドリンクを作るコーナーの清掃、揚げ物を作るコーナーの清掃、客席やフロアの清掃などがあります。お店を閉めてからおこなう仕事の、ほとんど全部（！）です。

　Aさんは翌年二月ごろ、あまりの忙しさに、店長に「退職したい」と告げました。すると、店長は「いまでも人数が足りないのに、あなたが辞めたら店が回らなくなる」といった上で、「本当に辞めるのなら、懲戒解雇にする。懲戒解雇になったら、辞めてからほかの会社に就職できなくなるよ」とおどしたのです。

「懲戒解雇」とは、働く人がなにか悪いことをして会社をクビになることです。たとえば、会社のお金の横領や、ほかの社員に対するセクハラなどが理由になります。懲戒解雇をされると、一般の会社では退職金がもらえないなどのペナルティーが科せられます。

でも、本当に悪いことをした場合にしか適用できませんし、当然、Aさんは悪くないのですから辞めてもその後の就活にはひびきません。つまり店長は、労働法をよく知らないAさんをダマし、おどしていたのです。

その後、Aさんは、さらに開店準備の「仕込み」を担当するようになります。その結果、一四時頃から午前二時ごろまで、ほとんど休憩もなく働くことになってしまいました。二月から三月にかけては、月に二、三日しか休めなかったそうです。その上、四月一一日にバイトを休んだのを最後に、退職する八月一一日まで、四カ月連続で休みなく働かされていたことがわかっています。

あまりにもひどい状況です。

このままでは過労死するかもしれません。

Aさんは、たまたま「ブラックバイトユニオン」という労働組合にかけ込み、助けてもらうことができました。辞める権利があることや、相手が契約違反をしているので、賠償金を請求できることを、そこで初めて知ることになります。

そして、八月一二日に意を決してバイト先に退職を告げようとした矢先のことです。バイトからの帰りがけの午前一時すぎに、店長から電話がかかってきて、Aさんの「働きが悪い」とののしったうえで、「いまから家にいくからな。ぶっ殺してやる」とおどしたのです。Aさんは、店長が自宅に来るかもしれないと思ってこわくなり、帰宅後すぐに荷物を持って友だちの家に避難しました。

ブラックバイトユニオンに労働相談にくる前に、Aさんは何度も「死にたいと思うこともあった」そうです。その後、精神科医から「不安障害・うつ状態」と診断されることになります。

Aさんの事例は際立ってひどいものですが、学生をこき使う、似たような大手チェーン店が増えています。また、厚生労働省も二〇一五年から、ひどい会社を注意したり、調査に乗りだしています。

アルバイトの環境がどんどん変わっているの？

どうしてブラックバイトのようなものがあらわれたのか、という疑問を持つかもしれません。簡単に説明してみましょう。

まず、話の前提として、日本の社会で、人々が働く環境が昔とはどんどん変わってきている、という点が重要です。では、どう変わってきているのか。

昔は、バイトといえば、簡単な仕事か単純な仕事をするものでした。一方、正社員はその職場の責任者として、バイトの人たちに仕事の指示をしたり管理をする。ようは、むずかしかったり技術が必要な仕事は正社員がやって、レジを打ったり物を運んだりするような簡単な仕事はバイトがやる、というのが一般的でした。

ところが、いまはバイトとして働く人たちが、職場で中心的な戦力になってきています。

むずかしい言葉では、「非正規雇用の基幹化」といったりします。会社が「非正規雇用＝アルバイト」の人々を「基幹＝中心となるもの」として職場で使いはじめている、ということです。

ようは、「給料が安いバイトのまま、むずかしい仕事もやってくれ！」というわけです。

なぜ、会社にとって、そんな都合のよい話になってしまったのか。

それは、あらゆる仕事がマニュアル化されてきているからなのです。

仕事のマニュアル化って？

本屋さんでいえば、昔は、店長や正社員の店員が売れそうな本を選んで売っていました。バイトは、本を運んだりレジを打ったりする。

中華料理屋さんでいえば、店長が店の料理の味を決め、料理を作る。料理を客に運んだり、出前をするのがバイトの仕事でした。

いまはどうでしょう。

本屋さんの仕事は、ほとんどマニュアル化されてしまいました。どんな本を売るのかは、本部のコンピューターが売れいきを管理して、全国のチェーン店で同じような本を並べるだけだからです。

こうなると、本の知識を豊富に持っている正社員は、もはや必要なくなります。バイトは増えるけれど、正社員の店員は激減するわけです。ファミリーレストラン（以下、ファミレス）やコンビニエンスストア（以下、コンビニ）などは、仕事がマニュアル化された職場の最たるものです。

ファミレスでは、店の内装から接客、料理の作り方、仕入れ、会計などが、コンビニの場合、商品の配置から仕入れ、接客などが、マニュアル化されています。チェーン展開しているファミレスでは、店によって料理の味が違っていてはいけません。ですから、むしろ「創意工夫」は厳禁ということになるでしょう。

同じくコンビニでは、店であつかう品物はすべて本部が決めているし、流通や販売方法も本部が作成したものを使っています。

このようにチェーン展開しているお店では、あらゆることがマニュアル化され、さらに店のオーナーや正社員として働く店長も、そのマニュアルのなかに自分の役割が含みこまれています。つまり、お店の経営をめぐるすべてが画一化された上で、オーナーや店長でさえ、その仕組みのなかの歯車となっているわけです。

逆に考えると、それだけマニュアル化されていれば、オーナーや店長の役割の大部分を、高校生であっても、ある程度ならできてしまうことになります。

会社としては、たいていの仕事がマニュアルを見ると誰でもできるのであれば、「給料が安い高校生に活躍してもらおう」という考え方になってしまうのは当然でしょう。

会社のよいように、学生が利用されてる？

いま、コンビニやファミレス、居酒屋、そして一〇〇円ショップなどの出店ラッシュが進んでいます。

似たような種類の店が増えるのですから、商品の値下げ競争になる。値下げするために、コストを下げる。コストを下げるために、スタッフの人数を減らす。そして、少ないスタッフに長時間働いてもらう……。

自動車や家電のように、商品の品質で勝負する製造業のような業種では、事情が異なります。人を雇い、能力をみがいてもらい、独自の製品を作らなければならないからです。

もちろん、ベルトコンベアを使っておこなわれる流れ作業のように、労働の単純化を推しすすめる傾向は、製造業にもあります。最近では、製造業でも非正規の派遣労働者が増加しています。

それでも、機械設備の維持には機械の知識が必要ですし、機械設備そのものを改善していくなら、なおさらです。だから、やはり製造業には正社員が比較的多いのです。

他方、サービス業の多くは、「労働集約型」であるといわれます。設備の充実や優秀な人材の確保よりも、マニュアル化したとおりに単純に働く労働者の力にたよるような仕組みです。

そして、マニュアル化が進んでいるので、誰がやってもできる仕事が多くなります。よって、なるべく給料が安くてすむ人に、できるだけ長時間で働いてもらうことが多くなるのです。

考えてみてください。たとえば、みなさんの街にあるコンビニのスタッフを高校生と大学生だけにして、それで店がまわるようにすれば、人件費はとても安くなります。何度もいいますが、マニュアル化が進んでいるから、競争相手が増えたとしても、店が運営できてしまうのだともいえます。

ゆえに、コンビニでは高校生や大学生のバイトが重宝されます。

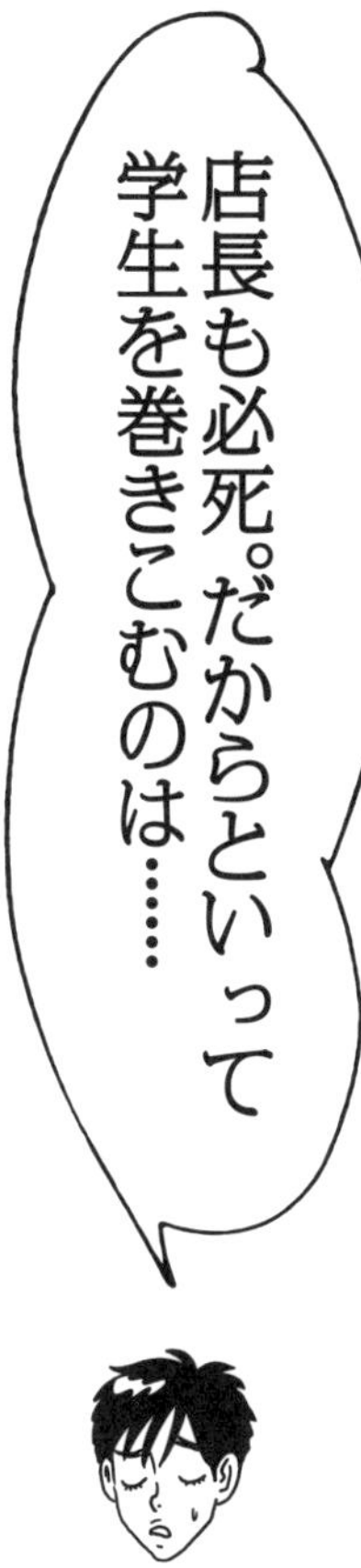
店長も必死。だからといって
学生を巻きこむのは……

さらに、コンビニのオーナーに「なぜ高校生や大学生を雇うのか」を聞くと、いったん社会に出て、働いた経験のあるフリーターなどと比べると、「学生のほうがまじめに働いてくれる」と口をそろえます。

店長や先輩に「これからみなさんが出ていく社会は、もっときびしいんだぞ」といわれてしまうと、学生たちは「そうなのか……」と思って、たとえ理不尽《りふじん》に思うことがあっても、いうことを聞いてしまう。

ようするに、まじめに働くし時給も安い。コンビニにとって、もっとも自分たちに都合がよく、経営の上で扱いやすい人材こそが「学生」なのです。

僕がかかわっている団体に、相談に来た高校三年生は、コンビニの店長とこんなやりとりをしたそうです。

学生「店長、そろそろ高校三年生になり、進路を決め、受験勉強や就活をしなければなりません。バイトを辞めるか、働く日数や時間を減らしたいんですけど……」

店長「いま、うちの店が人手不足なの、わかっているだろう。お前の進路のことなんで、知ったことか。ちゃんといままでどおり働け！」

それで、「どうしたらよいのでしょう？」と相談しに来たわけです。

あと、売りあげのノルマが達成できなかったから、仕事帰りに「売れのこりのおでんを五〇個、買っていけ」とか「残った『うな重』を買っていけ」といわれた、という相談もありました。

また、コンビニでバイトをした高校生の話ですが、お中元《ちゅうげん》の売れのこりを無理やり買わされ、友だちの家にそれを送る。すると、届いた友だちの親が、なぜ娘の友だちからお中《ちゅう》元《げん》が送られてくるのか不思議に思い、事実関係が発覚したという事例もあります。

どうして、そんなことが起きるのでしょうか。それは、コンビニのオーナーや店長も必死だからです。オーナーであれ年収二〇〇万円（月に一六万円くらいしか稼げていません！）。バイト以下のお金しか稼げていないことも、めずらしくありません。

なんとかしてコストを安くしないと、もうけが出ない。くわえて、「人件費をもっと安くしろ」などと、コンビニの本部からオーナーに圧力がかかっています。

オーナーもたいへんなのですが、まずはバイトをする学生の働く環境をきちんと整えてもらい、その上でオーナー自身の問題も解決していかなければなりません。

よいバイト先の見つけ方は？

このようなブラックバイトが存在するなかで、みなさんはどのようにして働く場所を選んだらよいのでしょうか。

まず、職場を下見してみて、「人がたくさん働いているかどうか」を確認してください。「この店は、いつも同じ人が働いているなぁ」とか「人手不足っぽいな」と思えるような職場は、辞めたほうがよいかもしれません。これは、とくにコンビニやファミレスにいえることです。働きはじめたら、簡単には辞められなくなってしまいます。仕事がマニュアル化されているので、学生とはいえ、すぐ貴重な戦力となってしまうからです。

「辞められなくなる」と述べましたが、一方で、景気が悪くなったり会社の経営がきびしくなると、一番最初にクビを切られるのは学生だということも、事実です。週三日のバイトをするはずが、突然、週一日にされることもある。

本当に、学生は都合よく使われてしまっているのです。

職場で起きる「いやがらせ」って？

みなさんのなかには、生活費や学費を稼ぐために、これからバイトをする人も多いでしょう。でも、バイト先のなかには、ブラックバイトと呼ばれるひどい職場もあることは、わかってもらえましたか？

さて、みなさんが知らないうちブラックバイトをすることになり、いやな目にあったら、いったいどうすればよいのか。

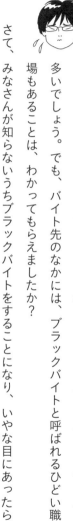

バイトの職場で起きるいやがらせには、大きく分けてふたつの傾向があります。ひとつめがパワハラ。ふたつめが給料の不払いです。

まず、パワハラ。パワハラとはなにか。厚生労働省は、「同じ職場で働く者に対して、職務上の地位や人間関係などの職場内の優位性を背景に、業務の適正な範囲を超えて、精神的・身体的苦痛を与える又は職場環境を悪化させる行為」と定義しています。

ようは、職場で店長や先輩など立場が上の人が、なんらかのかたちで、みなさんにいやなことをすること。それがパワハラです。

さきほど述べたような、店側がみなさんに「おでんを買え」とか「お中元《ちゅうげん》を買え」というような話や、過剰に残業をさせられたり、ひどい場合には暴力をふるわれるような例もあります。仕事とは関係なく、職場で「お前は、使えない」とか「お前は、バカだ」などと人格を否定するようなことをいわれたら、それもパワハラです。

また、ちょっとパワハラの定義からははずれますが、約束していなかった日に「急に来てくれ」といわれたり、働くはずだった日に「来なくてよい」といわれたりもする。こういうことも、店長が優越的な地位を利用して、みなさんの権利を侵害していることになるでしょう。

次に、給料の不払いとは、働いた分だけの給料を支払わないことです。よくあるのは、「準備の時間」や「掃除や片付けの時間」に対して給料を支払わない事例ですが、これらは違法行為です。また、「お前は仕事が遅いから、残って片付けろ」などといい、サービス残業を命じられることもあります。

それから、辞めたときに「勝手に辞めたから、最後の月の給料は払わない」なんていうこともよくある。また、給料は一分単位で計算しなければならないのに、一五分や三〇分単位にしているところも……。これらも違法な行為です。

では、パワハラにせよ給料不払いにせよ、みなさんがそんな目にあったときに、どうすればよいのでしょう。

法律は私たちを守ってくれるの？

第4章でも述べましたが、みなさんを守ってくれるのは、労働法です。会社で働く人でも、バイトとして働く人でも、いやな目にあったときには労働法がみなさんを守ってくれます。なおかつ、おとなよりも未成年のほうが強く守られます。

ここで気をつけなければならないのは、繰りかえしになりますが、みなさん自身が「いま自分は会社から不当なあつかいを受けている」と気づけるかどうか、ということです。どんなにつらい目にあっている（あっていた）としても、みなさんがそれに気づかなければ、ブラックバイトの職場はみなさんをよいように使うでしょう。

つまり、みなさんが労働法という法律について、ある程度「知っている」ということが、とても大切なのです。条文をすべて暗記せよ、などとはいいません。「知っている」というのは、労働法がなんのための法律なのかを知っていて、自分がどんな目にあったら使うことができるのかを知っている、という意味です。

とはいえ、いまの日本では、学校の先生も親も、みなさんに労働法のことなど、ほとんど教えてくれないでしょう。へたをすれば、先生や親だって、よく知らないかもしれない。だから、自分で知ろうとする姿勢が必要になると思います。

もちろん、中学生のみなさんに労働法を学べ、というのはむずかしい。だから、きっちり学ぶ必要などありません。まずは、労働法があることを「知っている」こと自体が、みなさんがバイト先でいやな目やひどい目にあったときの武器になるのです。

そして、その労働法を「使ってやるぞ」という気持ちも、同じように大事です。第4章で見たように、ルールは「ある」だけでも、「知っている」だけでも、あまり役に立ちません。実際に「する」こと、つまり働く人の権利を使うことによって、初めて意味を持ちます。実際に権利を使うときは、専門家に相談すればよいのですから、自分自身ですべてを考える必要はありません。

この「権利を使う」という意志や振るまいによって、ルールは効果を発揮し、社会をよくする。ブラックバイトの場合であれば、学生の「使いつぶし」を防止することができるのです。

バイト先でいやな目にあったらどうしよう？

ただ、どういう事例が労働法を使って改善すべき「いやな目」といえるか、また「ひどい目」といえるのかは、判断がむずかしいこともあります。さらに、そんな目にあっていても、店長や上司がこの殺し文句をいうと、みなさんは辞めづ

らくなってしまうかもしれない。

「そんなことでは、社会に出てから通用しないぞ！」

また、みなさんがバイトに関することを先生や親に相談したとき、先生が気にするのは「バイト先に迷惑をかけていないか」ということだったりします。本当は、バイト先でのつらい体験について、相談したかったのにもかかわらず……。

まるで、「君がつらいのは、バイト先に問題があるのではなく、君に問題があるのではないか」といわれているようなものですね。そして、「いわれたとおり、やれ！」と説教をされてしまう。

これでは、みなさんのつらさが解消されないし、なんの解決にもなりません。

一方で、学生のブラックバイトについて、僕たちのＮＰＯや関連団体に相談してくるのは、みなさん自身ではなくて、多くがみなさんの親です。とくに高校生の親が多い。みなさんがつらい目にあっていることを、「家に帰ってこない」とか「いろいろ買わされている」ことによって気づき、初めてびっくりするのですね。

逆にいうと、みなさんがつらさを伝えないと、親にもなかなか深刻さが伝わらず、「バイトをしっかりやりなさい」といわれるだけになってしまうことが多い。いままでは、ほとんど毎日、ブラックバイトに関する相談が僕たちのＮＰＯに来ます。また、僕たちと連携して、相談を受けつけようという高校の先生のグループも出てきています。

まとめましょう。もし、ブラックバイトで働くことになったら、第一にみなさん自身が「これはひどいな……」と思った時点で、そのバイト先には問題があると思っていい。第二に、そう思ったら、自分だけで考えるのではなく、専門家に相談する。

このふたつのことは、みなさんの親にもぜひ知ってもらってください。この本を持っていって、この部分を読んでもらうのもよいでしょう。

第6章 いざ就職!

働く場所は、どうやって探したらよいの？

みなさんは、中学卒業、高校卒業、大学卒業の、どの段階で就職するのでしょうか。

二〇一五年春の高校への進学率が九七％（文部科学省による）を超えているいま、中卒では三％くらいの人が社会に出ています。中卒で就職する場合、就職先も履歴書の書き方も学校の先生が手伝ってくれることが多いようです。会社の面接に付きあってくれることもあります。

いったん高校に入り、途中で退学した場合、学歴は中卒としてあつかわれます。そして、中学の新卒と違って、先生が就職の手伝いをしてはくれません。ネットの求人サイトやハローワークなどで仕事を探し、履歴書を書き、面接に行くなど、基本的に自分でしなければなりません。ただ、最近では若者向けに行政の支援窓口も増えています。

二〇一五年春の大学への進学率は四八・八パーセント（同前）で、高卒の就職率は九七・五パーセントでした。つまり、高校を卒業した人の約半分が大学に進学し、進学しなかった人のほとんどが就職している、ということです。

高卒で就職する場合、就職先は学校が紹介してくれることが多い。履歴書の書き方や面接の方法なども、先生が指導するのが一般的です。ネットの求人サイトなどで、自分で探すこともできますが、できれば学校が紹介してくれる会社を選んだほうがよいでしょう。

大学を中退したら、高卒としてあつかわれます。そして、高卒の人を求めている会社に応募し、試験をうけ、面接をして、採用されれば働きだします。やはり、中学を中退した場合と同じで、これらの手続きを自分でやらなければなりませんが、専門の窓口にいけば行政が支援をしてくれます。

最後に、大学を卒業して就職する場合について、触れておきましょう。二〇一五年春の大卒の就職率は九六・七パーセント。大学を出た人は、ほとんど就職できているような状況です。

ここまで読んで、「学校を卒業さえすれば就職ができる」と思ったかもしれません。しかし、「就職」とされているもののなかには、契約社員や派遣社員などの非正規、場合によってはアルバイトも含まれているのが現実です。したがって、卒業し、就職した人がすべて正社員として働いているわけではありません。

実際に、一〇代で働いている人（おそらく中卒と高卒でしょう）の非正規の割合は、じつに約五割にも上ります。大卒者の場合でも、少なくとも二割程度は非正規なのです（厚生労働省「平成二五年若年者雇用実態調査」による）。

求人票の内容には気をつけたほうがよい？

学生だったみなさんが、どのような流れで仕事を始めるのか、簡単に触れてみました。ここで、もっとも重要なことをいっておかなければなりません。それは、ネットの情報にせよ、学校で得た情報にせよ、ハローワークで見た情報にせよ、会社が出している「求人票」の内容や、会社説明会で説明される内容は、疑ってかかったほうがよい、ということです。

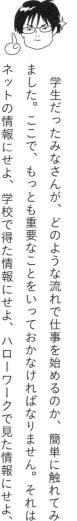

求人票に書かれたことのすべてがウソだ、とはいいません。でも、ウソが混ざっていると思っておいたほうがよい。給料や働く条件、福利厚生（企業年金や住宅手当、社員寮などのことです）など、すべての情報にウソが混ざっていない求人票を探すのがむずかしいくらいです。

たとえば、求人票には「一日八時間、週休二日」と書いてあるものの、実際に働いてみると「一日一二時間、土曜日曜も出勤」であったりします。さらに、求人票には書かれていなかった「ノルマ」があり、達成できないと罰金を取られたりすることもある（もちろん、大半は違法です）。

ポイントは、求人票に書かれた内容と実際の働き方が違うということが、入社したあとにわかるという点です。なぜ、そんなことが起こるのでしょう。

みなさんとの働き方に関する契約書を、入社の直前や、ひどい場合には入社後に会社が作れる、ということが問題なのです。つまり、求人票でどれだけよい条件を提示していたとしても、いざ入社する直前や、入社後に取りむすぶ契約書でそれを変えられてしまう可能性があります。

新卒で入社してしまえば、みなさんはその会社からなかなか逃げられなくなります。

「もう四月なのだから、辞めたら無職になってしまう」という状況です。地方から東京などに引っ越してきて、新しい部屋を契約している場合もある。逃げられなくしておいて、求人票とは違う、もっと過酷な働き方を定めた契約書に「サインしろ!」と、会社がみなさんにいってくることがあるのです。

もっとも多い会社のウソは、残業代があらかじめ固定されているような給料の仕組みです。これを「固定残業代」といいます。わかりやすい例をあげましょう。

求人票には「月給一六万円」とだけ書かれていた。だが、入社後にわたされた契約書には、「月給は一六万円、そのうち残業手当三万円で、残業代は残業手当に含まれている」。つまり、普通に働いた給料が一三万円で、三万円は就業時間後の「残業」の分だったのです。

こんな条件に合意してしまったら、一時間当たりの給料は安くなり、たくさんの残業をしなければ一六万円がもらえません。本当は、普通に働いて一六万円もらえると思っていたわけですから、詐欺《さぎ》ですよね。

こうした固定残業代については、求人票に正しく書かれていないことが多い。大手の会社でも、正しく書いていないことがあります。

もし、みなさんが「そんな契約は、求人票と違う。おかしい」と気づき、裁判でも起こせば、会社もその契約を考えなおすかもしれません。とはいえ、学校を出たばかりで、社会経験の少ない若者には、サインを断ることはむずかしいのが現実です。

結局、そのようなかたちで求人票とは違った条件を飲まざるをえなくなり、入った会社でがまんしながら働きつづけている人がたくさんいます。

自己分析？　コミュニケーション能力？

就活のときにやったりする自己分析や心理テスト、そして職業の適性をチェックするテストがありますが、それらをあまり気にしすぎないようにすることも大切です。やればやるほど、自分がなにをしたいのか、また自分がどんな存在なのかがわからなくなる場合もありますから。

エントリーシートや履歴書についても、同じことがいえます。それらは、みなさんに自分がどんな人なのかを分析させ、それを記入させます。でも、そんなことは簡単にわからないし、経験が少ないみなさんは、書きこむ内容が少なくなるのは当たり前。

就活をする限り、エントリーシートや履歴書を書かなければならないのは、いたしかたないことです。でも、自分だけができる特別なことが書けないからって、落ちこむことはありません。

あと、就活を始めると、「コミュニケーション能力を身につけろ」などといわれることがあります。では、そもそも「コミュニケーション能力」って、いったいなんなのでしょうか。

人とのコミュニケーションがうまいといった場合、その「うまさ」にはいろいろなパターンがあります。友だちとなかよくなるとか、小さい子どもの世話がうまいとか……。

しかし、就活でいわれる「コミュニケーション能力」というものは、どれだけ会社という組織になじめるかどうか、順応できるのかどうか、という能力のことを指しています。

もちろん、仕事を進める上で「会社への順応」は重要な要素になるでしょう。理にかなっている部分もあります。

とはいえ、第４章でも見てきたように、会社と労働者の立場は「同じ」ではありません。順応しすぎれば、「死ぬまで」「病気になるまで」働かされてしまうこともあります。

たとえば、よく「部活をやっていると就職しやすい」といわれます。それは、部活という「組織」に順応した経験から、コミュニケーション能力が高いと会社が期待するからです。しかし、そうした体育会系の人材を求める会社では、違法労働がはびこっていることもあります。部活の上下関係になれている若者は、会社に違法な命令をされても「順応」してしまうからです。

僕がかかわった若者の事例でも、中学時代は柔道部で、近畿大会の三位にまでなった人がいます。彼は、「本気」でがんばろうと会社に入りました。きつい部活の経験から、「コミュニケーション能力」がとても高かった。しかし、入社後は「やる気」を利用されてしまい、休ませてもらえず、うつ病になるまで働かされてしまいました。

また、剣道の実力者が飲食チェーン店に入社して、その後、死ぬまで働かされてしまうという悲惨な事件も起きています。「ステーキのくいしんぼ」というお店です。被害者は、中学時代に剣道で優秀な成績を残し、高校に剣道の特待生として進学していたのです。やはり、その高い「コミュニケーション能力」につけ込まれた可能性があります。

だから、コミュニケーション能力につけ込んで、死ぬほど働かせるような会社には、なるべく入らないように注意することが必要です。ただ「順応」するだけではなく、自分自身の権利のこともよく知っておかなければならないのです。

よい会社と悪い会社があるのはホント?

ここまで述べたことを、まとめてみましょう。

みなさんが会社に雇われて働くという場合、けっして会社とみなさんが「ウィン・ウィン」の関係、つまりどちらも得をする対等な関係などではありません。

会社は、お金もうけがしたい。働く人は、生活するためのお金がほしい。でも、会社は、なるべく安い給料で長い時間、働いてもらいたい。そうすれば、もっともうかりますから。

働く人は、そんな会社のやり方についていきながら、能力や技術をみがいていきます。

ときには、そうやってみがいた能力や技術をうまく使い、働く人といっしょに成長していく会社もあります。他方、働く人を自分たちの都合のよいように使って、お金がもうかればよいという考え方の会社もあります。後者が、ブラック企業と呼ばれる会社です。

前者の会社に入れば、働く人の未来は明るいものです。しかし、後者の会社に入ってしまったら、使いすてにされてしまうことでしょう。

いずれの会社も、「コミュニケーション能力＝適応能力」のある人材を求めます。一方、努力してコミュニケーション能力を身につけても、入った会社がブラック企業であったら、なにも意味がありません。だから、会社を見分けることや、第４章で見たように、入社後にも自分自身の権利を使えることが大切なのです。

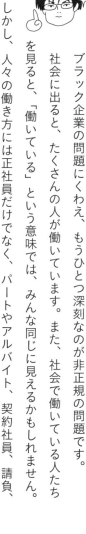

正社員と非正社員の差って、なんなの？

ブラック企業の問題にくわえ、もうひとつ深刻なのが非正規の問題です。
社会に出ると、たくさんの人が働いています。また、社会で働いている人たちを見ると、「働いている」という意味では、みんな同じに見えるかもしれません。
しかし、人々の働き方には正社員だけでなく、パートやアルバイト、契約社員、請負、嘱託《しょくたく》など、いろんなかたちがあります。大きく分けると、会社から正式に雇われている正社員（正規）と、非正社員（非正規）となります。このふたつ、なにが違うのでしょう。

ごく簡単に説明すると、会社に雇われるときの、契約の中身が違います。まず、定年退職するまでずっと雇われる契約（無期雇用）か、期限を区切られて雇われる契約（有期雇用）か、という部分がことなります。ただし、正社員を採用するといっておきながら、有期雇用で契約させられるケースもあるので、注意が必要です。

非正規になると、単に働く期限を一年とか二年とか区切られるだけでなく、正社員との給料の差がはげしい。つまり、ほとんどの場合、正社員より安い給料で働くことになってしまいます。

普通、正社員の場合は、勤めた年数を重ねることによって給料があがります。一方、非正規は、どれだけ長く勤めても給料があまり変わりません。一時間いくらという時給が決められ、働いた時間の分だけ給料が支払われます。

もう一点は、正社員になると、犯罪などよほどひどいことをしない限り、クビにはなりません。一方、非正規は、いつクビにされるかわかりません。契約期間の満了と同時に、「次の契約は更新しません」といわれる可能性があるのです（ただし、現在では労働組合の交渉や裁判で、多くの非正規雇用の解雇を止めることができるようになっています。ここでも「ルール」を使うか使わないかで、実態が変わってくるのです）。

非正規が増えつづけてる？

さて、みなさんが正社員になったとしましょう。正社員になれば、「ブラック企業」ではない限り、その会社で長く働くことになります。長く働き、能力や技術をみがく機会を、会社はみなさんに与えてくれることでしょう。能力があがれば給料もあがるし、みなさんにしかできない仕事が増えるので、クビにできなくなるともいえます。

このように、正社員になると、長いあいだ雇われて、能力をみがく機会を得られ、クビにもならないという、いわば三拍子をみなさんは手にすることができる。もちろん、社会の景気などにより、会社側の理由で一方的にクビにされる（リストラ）こともありますが。

しかし、能力や技術の高い正社員だけを、会社が求めているのかといえば、けっしてそうではありません。正社員ばかり雇っていたら、人件費が高くなってしまうからです。ならば、人件費を抑えるために、会社はなにをしているのか。

まず、高い能力や技術が必要な仕事と、誰でもできる簡単な仕事に分ける。それで、前者の担当者は正社員として高い給料を払い、後者は非正規として安い給料で働いてもらう。そうすれば、会社としては全員を正社員で雇うより、安いコストで会社をまわせるようになります。

非正規の場合には、コミュニケーション能力＝順応が求められるというよりも、正社員よりもよくない労働条件やいつでもクビになる不安定な状態などを、がまんすることが強いられる。そうした深刻な問題をかかえているといえるでしょう。

それで、多くの会社は、二〇〇〇年あたりからひたすら簡単な仕事を増やしてきました。株主＝投資家の力が強くなり、会社の利益をもっと大きくすることが求められたからです。よくニュースで話題になっている「株価」というのがあります。あれは、会社がどれだけ利益を出して、株主に利益を分配しているのかによって決まります。

つまり、労働者の給料を安くして、その分を株主により多く分配する。そうやって、

「株価」を引きあげる。そうすると、その「株」に投資した投資家は、自分の株券の価格が上がるからもうかる。

こういう仕組みが進められてきたのが、この二〇年くらいの経済の動きです。もともと働かせる側と働く側は「立場」が違ったのですが、最近ではこれが「株主」と「労働者」というかたちであらわれるようになってきたということです。

逆にいうと、昔の日本では、あまり株価は問題になっていませんでした。グループ企業同士で株を持ちあっていたり、大手金融機関が安全に管理していたからです。つまり、あまり投資家の力が強くなかったので、「投資家VS労働者」という立場の違いは、あまり問題にならなかった。

一方、現在では、株価を上げるために、とにかく正社員を減らしたい。僕の知りあいで、大手証券会社で働いていた人がいます。彼女がいうには、「正社員を一〇〇〇人減らす」と発表するだけで、株価が猛烈に上がるというのです。本当に一〇〇〇人減らす必要があるかどうかは関係ありません。

とにかく「正社員を減らす＝給料を減らす＝投資家の利益が増える」という期待から、会社の評価が上がっていた。だから、証券会社のなかには、無意味なリストラをいろいろな会社に勤めていたところもあるというのです。

いずれにせよ、いまや「株主」と「会社」、そして「労働者」という三者の「立場」の違いは極端になっています。その結果として、いま、非正社員であるフリーターや契約社員、パート、アルバイトが激増しているわけです。

厚生労働省が二〇一五年一一月に発表したデータでは、すべての労働者のうち、非正規が四〇・〇パーセントとなっています。一九八四年のデータでは、その割合が一五・三パーセントでした。とくに、二〇〇四年に三〇パーセントを超えてから、非正規の割合は増える一方です（二〇〇九年をのぞく）。

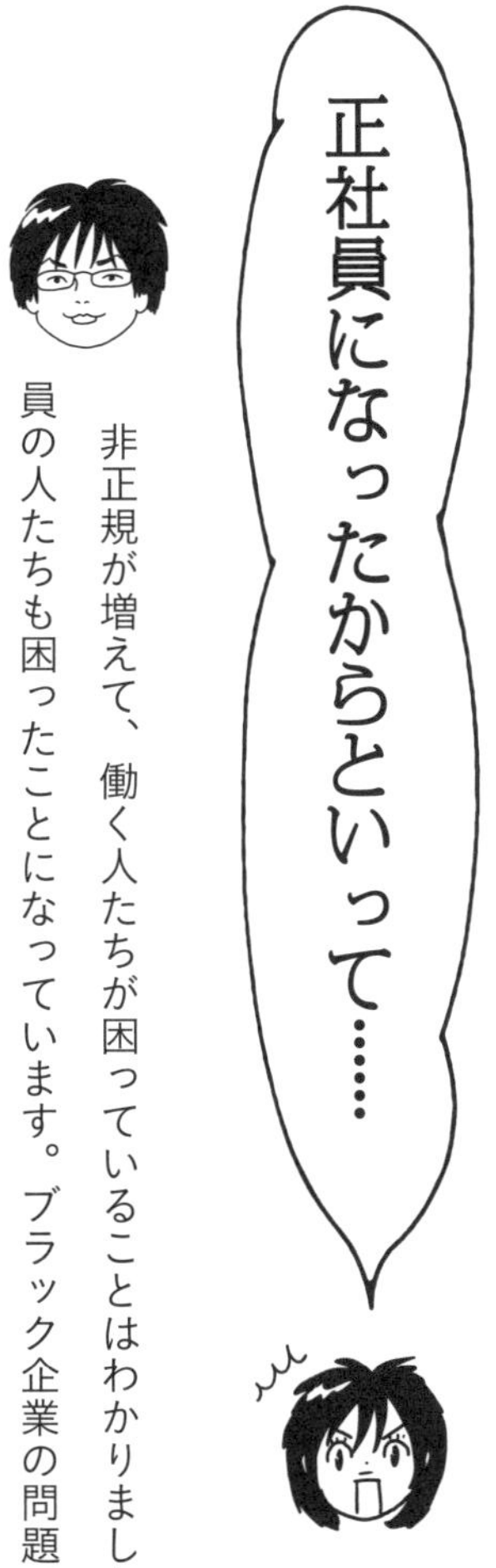

非正規が増えて、働く人たちが困っていることはわかりました。しかし、正社員の人たちも困ったことになっています。ブラック企業の問題です。

ブラック企業に入ってしまうと、正社員になったからといって、能力や技術をみがく機会をもらえて、給料があがるとは限らない。

正社員になっても、ずっと簡単な仕事をさせられ、給料も変わらないというケースが増えているのです。「いままでとは違う正社員」が増えていると考えれば、わかりやすいと思います。

注意してほしいのは、「会社は、正社員として雇用したら、毎年給料を上げて、定年まで働かせて、能力や技術をみがかなければならない」と、労働法などの法律では決められていないという点です。

ですから、正社員で入って、簡単な仕事をやらされ続け、かつ残業をさんざんさせられても、会社は「お前は正社員だろ。文句をいわずに残業しろ」などといってくることがあります。

たとえば、あるコンビニでは、正社員に「店長なのだから、二四時間、働け」という指示が会社から出たりする。そういう無理なことは、バイトには頼めません。そして、「正社員だから」という理由で、がまんして指示にしたがっていると、過労で身体や心をこわしてしまったりする。

そんなブラック企業が、いまの日本では激増しています。正社員になったらかといって、ゆだんは禁物なのです。

職場の仲間との関係は、どうすればいいの？

会社に入って、職場で働くようになる。ひとりでやる仕事はほとんどないので、多くの場合は、誰かとかかわりながら仕事をすることになるでしょう。

もちろん、職場の仲間とは仲よくしたほうがよいと思います。相手との相性もあるでしょうから、誰とでもなかよくなど、する必要はありません。それでも、あいさつがちゃんとできて、仕事をまじめにやっていれば、職場の仲間はみなさんを認めてくれると思います。

職場での人間関係を大切にすることで、自分の仕事の量が多いときに助けてもらえることもあるでしょう。わからないときには助けあえる。あるいはセクハラやパワハラで困っている同僚を見すごさず、相談にのる。

こういうことは、職場の環境を維持するために、とても大切です。まして職場で違法行為があれば、それを仲間同士で問題にして、会社に改善を求めることも必要です。それこそが、第4章で紹介した職場の「労働組合」の仕事でもあります。

ただし、「職場で仲よく」という状況は、「まわりに迷惑をかけないようにがんばろう」という、「順応」だけのコミュニケーションになってしまう場合もあります。そうすると、逆にみなさんが会社や上司に使うだけ使われて、身体や心を壊してしまう危険もあります。

職場での人間関係は、大きく分けて二種類あります。第一は、「迷惑をかけない」という姿勢のもと、順応的で消極的なもの。つまりは、つらい労働をお互いにやるよう「監視」するような関係です。たとえば、私もサービス残業をやっているのだから、お前もやれ、とお互いに足を引っぱりあう。

第二は、お互いにがんばって、職場の環境をよくして、会社に法律を守らせる、といった積極的なもの。そして、法律や会社との約束（給料や働く時間）を守った上で、よりよく仕事をしていこうという関係です。

このふたつは区別がつきにくいのでやっかいですが、こうした違いの存在を知っていることはとても大切なことなのです。

職場で困ったことが起きたら?

みなさんが学校を卒業し、社会に出て仕事を始める。仕事を覚えられるかどうか、職場の仲間と仲よくできるかどうか……。本格的に働くのが初めてなのだから、不安や緊張はつきものです。

そういった不安や緊張を乗りこえながら、まじめに仕事をし、技術や能力をみがいていく。それこそが、ある意味では「社会人になる」ということなのかもしれません。ある程度のがまんは、必要だということですね。あくまでも「ある程度」です。

しかし、不安や緊張を乗りこえるのにも、がまんにも、限度があります。身体を壊したり、心を壊すまで、がまんする必要はありません。パワハラやセクハラ、長時間のサービス残業などで心身が不調になったり、自分のおかれた状況に納得がいかなくなったら、かならず第三者に相談してください。

ここでいう第三者とは、自分ではなく、会社でもなく、両者を客観的に見られて、みなさんの味方になってくれるような人や組織のことです。そして、職場で困ったことがあり、それを相談する相手は、「労働相談」を受けつけているような人や組織になります。

彼らに相談すれば、なんらかの答えがえられるでしょう。みなさんがおかれた状況によって、「会社と君とのあいだで、解決できそうだ」とか「いまの会社は、辞めたほうがよい」、「転職したほうがよい」、「賠償金を請求するのがよい」などと、助言してくれます。

みなさんと会社とのトラブルの多くは、みなさんだけで「どうしたらよいのか」を判断することはむずかしいし、「自分だけで決めるべきだ」と背負いこみすぎる必要もないのです。

日本では、みなさんが正社員で入ったら、よほどの理由がない限り、会社はみなさんをクビにはできません。その理由は、みなさんが労働法で守られているからだということは、すでに述べました。

ところが、よほどの理由がなくても、会社が合法的にみなさんをクビにする方法がふたつあります。第一は、みなさん自身が会社に「辞めます」といった場合。これは、正確には「クビ」とはいえないかもしれません。

しかし、会社がさまざまな圧力をかけたり、いやがらせをした結果として、みなさんが「辞めます」といわざるをえない状況を作ったのだとしたら、それはクビと同じことになります。

第二は、よほどの理由がなくてクビにされたとしても、みなさんが裁判を起こさなければ、会社は違法性を問われません。このケースはわかりにくいかもしれないので、簡単に説明します。

まず、会社がみなさんをなんらかの理由で辞めさせたいと思う。でも、理由がないのでクビにはできない。そこで、上司や先輩がみなさんにいやがらせをしたり、いじめたりする。パワハラというやつですね。すると、みなさんは悩み、心を病んで、うつ病になったりする。

そして、心を病んだタイミングで、みなさんをクビにする。心を病んでしまったら、裁判を起こす気力がなくなります。起こしたとしても、継続するのがむずかしくなるからです。裁判を起こされなければ、実質的には会社がみなさんをクビにしたのだとしても、違法にはなりません。

僕は、そういった状況を、会社による「民事的殺人」と呼んでいます。わかりやすくいうと、刑法に適用されるような事柄ではないかたち（民事的）で、働いている人を会社が殺すことを指します。死人に口なし、といったところでしょうか。

ならば、会社が民事的殺人をするのは、どんなときなのでしょう。ひとつは、みなさんが「いま、やっている仕事の役にたたない」と会社が一方的に判断した場合です。どれだけまじめに働いていたとしても、会社がそれを認めない。足りない能力をのばそうと考えるのではなく、能力がなければ切りすてようと考える。

もうひとつは、見せしめです。みなさんをいじめることにより、ほかの社員に「次は、自分かもしれない……」と思わせ、「いじめられたくなかったら、もっと働け」という雰囲気をかもし出すのです。そうすれば残った人たちが、いまよりつらい仕事でも、やるようになると考える会社もあります。最悪ですね。

仕事の成績がはっきりと出る職場に、見せしめが多い。かならず成績の低い人から順にいじめの対象にして、辞めさせる。すると、次に成績の低い人は、「次は自分の番だ……」と考えて、懸命に仕事をするようになる。そんな感じで、えんえんと見せしめが繰りかえされる……。

そんなことをする会社を、僕はブラック企業と呼んでいます。

では、ブラック企業で働く若者は、どんな目にあっているのか。次章ではよりくわしく、具体的な事例をあげてみようと思います。

第7章

ブラック企業には気をつけよう！

みなさんのなかには、ブラック企業と聞いて、こわくなったり不安になったりする人もいることでしょう。「新卒でそんな会社に入ってしまったら、どうしよう」と思うかもしれません。

やっかいなのは、世間に知られているのは、ブラック企業のほんの一部の会社だけだということです。ですから、これから就職するみなさんには、知らぬ間にブラック企業のドアをたたいてしまう可能性もあります。

でも、こわがることはありません。あらかじめ情報を知っておけば、どんな状況になっても対処できます。みなさんが困ったら、相談にのってくれる人や組織も多くあります。

では、どんな情報を知っておけばよいのか。まず、ブラック企業で働く若者の実態を知っておきましょう。そうすれば、仮にみなさんが会社で同じ目にあったとき、「これはおかしい」と気づくことができます。

また、ブラック企業に入ってしまい、つらい思いをしたとき、どのように対処するのかを知っておくことも重要です。「これはおかしい」と気づいたときに、どうすればよいのか。どんなタイミングで、誰に相談すればよいのか。そんなノウハウをみなさんに伝えていこうと思います。

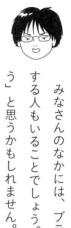

社員を思考停止にして、都合よく使う会社

ブラック企業の実態 1

初任給が他社よりもよかった大型ディスカウントストアに、Bさん（男性）が内定したのは、大学三年の三月です。月給は約二三万円で、別に残業代も出ると求人票には書かれていました。

入社してから二カ月の研修をうけ、Bさんは職場に配属されました。深夜営業の当番で、一七時から二時が定時なのに一四時から五時まで働かされることになります。休憩はほとんどなく、食事も一五分ですますような忙しさでした。

さらに、働きはじめてから、月給の二三万円に残業代が含まれていることがわかりました。求人票に書かれていた「月給二三万円」というのは、正確には、月給が一五万円と、四〇時間分の残業代の八万円との合計額だったのです。四〇時間を超える残業代は、もら

えません。

会社に入ってから四年目になると、担当した売り場で実績をあげたBさんは、すべての売り場を管理する責任者になりました。そのころの月給は三二万円です。ところが、責任者になっても「役職手当」などはつかず、それ以上は月給があがりません。

こうして「管理監督者」になったBさんの働き方は、それまでよりもさらに忙しくなりました。連続で一四時間働くこともしばしば。前の年よりも売りあげが落ちると、ポジションやボーナスの額を下げられてしまいます。そうならないように注意して働くので、さらに仕事は忙しくなります。

結局、異常な働き方を続けたBさんは、入社から七年目で泡を吹いて倒れ、救急車で病院に運ばれることになります。

住む場所は、店の前にある会社の寮。なにかあれば、休日でも呼びだされる。異常に長い労働時間。身体がもたず辞めようとすると、「配置転換するから辞めるな」と会社がいう。働く時間が長すぎて、プライベートがなくなり、友だちと会う時間がとれない。同じ会社の仲間としか接しないので、自分が異常な働き方をさせられていることに気づかない……。

つまり、この会社では、「残業が多すぎるのでは」とか「給料が少なすぎるのでは」などという会社へのクレームを、異常な働き方をさせることによって、社員に考える時間を与えないのです。ちょっとむずかしい言葉でいうと、会社が社員を「思考停止」になるほど追いつめて、無理やり働かせている。

Bさんは、二〇一四年に会社を辞めました。いまは、訴訟を起こして、不払いの残業代を会社に請求しています。

ブラック企業の実態 2

少ない給料で過剰なサービス残業をさせる会社

Cさん（男性）は二四歳のとき、大手の外食チェーンに正社員として入社しました。二〇〇七年のことです。ところが、Cさんは入社して四カ月後に、急性心不全で亡くなったのです。Cさんに、いったいなにがあったのでしょうか。

会社は、Cさんに月平均で一一二時間もの残業をさせていました。出勤するのは、月に二五日。一日の労働時間は、一二時間。Cさんはそんな条件を、入社後におこなわれた研修で初めて知りました。

そんなペースで働いたら、月の残業時間は一〇〇時間を超え、この数字は「これだけ残業をしたら、過労死になる可能性が高まる」と厚生労働省が示す「過労死ライン（月に八〇時間以上の残業）」を超えています。

さらに、この外食チェーンのホームページには、「月給一九万六四〇〇円（残業代別途支給）」と明記されており、それを信じてCさんは入社しました。本当の基本給は一二万三二〇〇円で、八〇時間の残業をしないと、「月給一九万六四〇〇円」にはなりません。

つまり、給料を下げないようにするためには、最低でも月八〇時間の残業をしなければならない。会社は、求人の際にはそれを隠し、入社してからそのような前提で社員を働かせようとしていたのです。

高い給料を提示して人を集め、入社してしまうと少ない金額で長い時間、社員を働かせていた会社は、Cさんの死後、遺族に訴えられました。そして、働く人たちの生命や健康を損なわないような体制を作れていなかった会社は、裁判に負けることになります。

ブラック企業の実態3

いきなり店長をさせられる重圧

二〇〇六年一二月に東京のショッピングセンターにある喫茶店で、店長（店舗責任者）をやっていた二五歳のDさん（女性）が、自宅のマンションから飛びおりて自殺をしました。その喫茶店を経営するのは、スパゲティ屋なども手がける大手外食チェーンでした。

Dさんは、二〇〇五年五月にアルバイトとして喫茶店で働きはじめました。その後、正社員になるための研修を受け、二〇〇六年八月には早くも正社員となりました。しかし、Dさんの地獄は、正社員になってからすぐに始まります。

研修がおわった翌日には、店長として店を任されます。接客だけでなく、バイトの管理（教育や採用など）、売りあげの管理、クレームの処理など、いきなり多くの業務をさせら

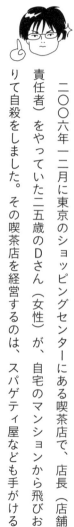

れるようになりました。

とくに、バイトの管理は困難でした。彼女が店長になったときに、一三人のスタッフのすべてがバイトで、うち一一人が学生。店では毎日、六人くらいのスタッフが必要でしたが、辞める人も多く、いつも人手不足の状況になっていました。

しばしば、ほかの店からスタッフを借りることもありましたが、上司からは「責任者だったら、なんとかするのが仕事」などといわれるなど、まともに取りあってもらえませんでした。

Dさんが会社のためについやす時間は、増える一方になります。人手不足の上に、よくアルバイトが辞めてしまうので、上司に人員の補充を懇願しました。また、忙しすぎて、食事をとる時間がありません。一日一食となる日が続くことになります。

そんなある日、八人ものバイトが一度に辞めるといい出します。それを知ったDさんは、店のなかで泣きだしたそうです。そして、その翌日……。自宅のベランダから飛びおりたのです。

Dさんの場合、店長としてのまともな教育など受けないまま、正社員にするからという条件で店長をさせられたことが、大きな問題です。もともと、会社はDさんに、できないような仕事を要求していました。Dさんは、どうにかして会社の要求にこたえようと、無理に無理を重ねていきます。

ある時点からは、身も心もまともではない状態になりながらも、店長だという責任感がDさんに仕事をさせていました。その「責任」が、会社の無理な要求であるにもかかわらず……。つまりは、彼女は最後まで職場に「順応」しようとしたのです。

初めから「無理だ」とわかっているような仕事を社員にさせる。そうした状況は、会社による社員への「虐待」といってもよいと思います。

ブラック企業は、これまで見た事例のように社員を虐待し、疲れはてたり心が壊れたすると使いすてる。それを繰りかえして、利益をあげているのです。

ブラック企業に入ってしまったら、どうすればよいの？

実際にみなさんが、ブラック企業のような悪い会社に入ってしまったら、どのようにすればよいのか。

その対処法を伝授します。以下の三つのことを覚え、困ったり悩んだりしたときに実行すれば、なんとかなります。

〈その1　「自分が悪い」と思わないこと〉

いろいろな例で見てきたように、会社は時に、働いている人の命や健康を犠牲にしてまで、お金もうけをすることがあります。それなのに、「会社がいうことが絶対」で「自分が悪い」と思いこんでしまったらどうでしょう。悪い会社のいいなりになって、しまいには自分の命や健康、そして生活そのものが危機にさらされてしまいます。

そのようなことは、絶対に避けなければなりません。身体を壊してしまっては、元も子もないからです。また、みなさんが仕事を失ったり病気になったりして困るのは、みなさんだけではありません。家族や友人もつらい思いをするでしょう。

もちろん、仕事をしていてうまくいかないことがあったときに、「どうしたらうまくいくのだろう」と自分の悪いところを見直すことは大事です。けれども、自分の悪いところを反省することと、会社がルールを破っていることは、分けて考えないといけないのです。

〈その2　記録をとること〉

次に大事なことが、「証拠」を取ることです。悪い会社がひどいルール違反をしていて、労基署や弁護士などを使ってみなさんが権利を行使しようとしても、その証拠がなければ解決がむずかしくなってしまいます。

なので、自分が働いている会社がよい会社か悪い会社かに関係なく、社会人になったら「毎日、自分が何時から何時まで働いているか」「その日、会社の先輩にどんなことをいわれたのか」などを記録しておきましょう。

記録の仕方は、手書きのメモでも、携帯のカメラで写真をとるのでも、こっそり録音するのでも、なんでも大丈夫です。ちなみに、こうした目的で、隠れてまわりの人の発言を録音することは、「盗聴」のような罪に問われることはないので安心してください。

〈その3　労働側の専門家に早く相談すること〉

三つ目は、はやめに専門家に相談することです。いくら自分で「会社がルール違反をしている」とわかって、証拠を集めていたとしても、自分が持つ権利をひとりで使うことは、実際にはむずかしい。

だから、早い段階から専門家を頼ったほうがよいでしょう。専門家とは、さきほどから登場している、労基署や労働側の弁護士、そして労働組合などです（巻末資料を参照）。また、僕が代表をやっているNPO法人POSSE《ポッセ》も専門家のひとつです。POSSE《ポッセ》に相談してもらえれば、労基署を使うときの支援や、一緒に問題に取りくんでいる弁護士、そして労働組合の紹介も含めて、さまざまな解決策のお手伝いをすることができます。

ぜひ、気軽に使ってもらえればと思います。

もちろん、みなさん自身に労働法の知識を持っていてほしい。そのほうが、なにかと便利ではあります。しかし、さきほども述べたように、労働法を知っていたからといって、会社のルール違反がなくなるわけではありません。

大事なのは、みなさんが働く者としての権利を使うことです。この三つの対策は、その権利を使うために、とても役に立ちます。
ぜひ、覚えておいてください。

どんな理由で会社を辞める人が多いの？

会社を辞める理由で、もっとも多いのが職場の「人間関係」です。POSSE《ポッセ》でアンケートをとっても、労働相談窓口でも、多くの人が人間関係でトラブルが起きたといいます。

でも、よく話を聞いてみると、「パワハラ」や「いじめ」といった、純粋な人間関係が問題になっているのではなく、「残業代が払われない」とか「単純作業ばかりやらされる」といったことが問題になっていたりします。

ようは、「働く環境が適切でない」ということを表現する手段として、人間関係という言葉が使われていることが多いのです。自分がおかれた立場が違法かどうかを知らないので、人間関係のような問題で表現してしまうのですね。

では、具体的にどのような理由で辞める人が多いのでしょうか。いちばん多いのは、長時間労働とパワハラで、これらは深刻な事態になっています。まず、長時間労働から見ていきましょう。

働く時間が長すぎて、つらいと思っている人がたくさんいます。厚生労働省の基準では、月に八〇時間以上の残業をすると、うつ病になったり過労死・過労自殺するリスクがあると定められています。

みなさんには、月に八〇時間の残業というものが、どれほどのものなのかイメージしにくいかもしれません。つまり、四時間の残業が毎日つづくと思ってください。九時から一八時まで働く（休憩は一時間）として、そこから四時間も足されるのですから、二二時まで働くことになります。

本人は、きつい環境で働きつづけ、心も身体も弱っている。上司も仕事が忙しく、いらいらしている。そんなとき、上司からきつい言葉をあびせられて、うつ病になってしまうようなケースが多くなっています。

女性の場合、男性の上司や先輩、そして同僚からいやらしい言葉をあびせられたり、身体をさわられたりという、セクハラの被害者もかなりいます。ただし、女性の上司が男性の部下にセクハラをするというケースも、少なからずあります。

あとは、契約社員や請負社員、パート、アルバイトなどの非正規ですと、会社からいきなりクビにされる場合もあります。日雇いは一日単位で働きますが、そうでない働き方だと、あらかじめ一定の期間で働くことを、会社と雇われる側とで約束します。ところが、それが守られないこともあるのです。

まともな会社で働いていても、さまざまな理由で辞めざるをえないこともあるでしょう。自分の都合で辞めるときには、辞める二週間前までにそのことを会社に知らせます。これを、「自己都合退職」といいます。

一方、会社から「辞めてほしい」と頼まれて辞める場合は、「会社都合退職」になります。リストラの場合によくおこなわれ、通常、たくさんの退職金を支払うなど「対価」が会社から提示されます。対価に納得がいかない場合には、ことわる権利もあります。

会社を辞めることは、はずかしいことなの？

会社を辞めることは、はずかしいことなのでしょうか。まわりの人たちは、「せっかく正社員で入ったのに、続かないのか」とか「もったいない」などと思うかもしれません。でも、大切なことは、そこで働きつづけた場合、みなさんがしあわせになれるのかどうか、ということでしょう。

僕は、まわりの人の目など気にしないでよいと思います。悪い会社で働きつづけたときのつらさを思えば、そんなものはたいしたことありません。なにより注意してほしいのは、働きつづけ、つらくなり、みなさんの心や身体が壊れてしまうことです。

心身が壊れる前に、その原因となる環境、すなわちつらい労働環境から脱出すべきです。それは、けっしてはずかしいことなどではありません。そして、ふたたび仕事探しから始め、再スタートをきればよいのです。

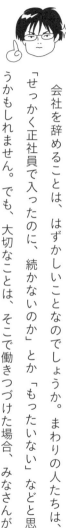

さまざまな理由があって、長く会社を休んでしまうこともあるし、辞めてしまうこともあるでしょう。そんなとき、みなさんはどうすればよいのでしょうか。たとえばみなさんが、長時間残業や仕事中のケガなどで、心や身体を病んでしまい、出社できなくなったとします。

身体を病んでしまい、出社できなくったときには、会社からの給料は止まりますが、会社で働く人々がかならず入っている健康保険から、傷病手当金がもらえます。金額は、だいたい給料の三分の二くらいで、期間は最大で支給が開始された日から一年半となります。

さらに、仕事中や通勤の途中でケガをしたり病気になることを労災といいます（第４章を参照）。労災が認められると、給料の約八割になるお金が国から給付されます。会社にかよえない理由が労災だと認定された場合、長いあいだ休んでしまっても、会社をクビになることはありません。

他方、傷病手当金は、辞めてしまってからではもらえません。辞める前に申請し、もらう必要があります。ブラック企業のなかには、みなさんの病気やケガを労災と認定されたくないため、自己都合退職をさせようとするところもあるので、要注意です。

なお、労災は会社を辞めてしまってからでも申請できます。

辞める前に相談しよう！

会社で、パワハラやセクハラ、いじめ、そしてサービス残業など、仕事をするなかで「これはおかしい」と思う事柄は人によって違うし、職場や職種によってもさまざまです。

したがって、対処の仕方もケースバイケースになります。自分がおかれた状況によって相談先を決め、専門家とともに対策を考えてください。

いずれにしても、「これはおかしい」と思ったときに、みなさんにやっておいてもらいたいことがあります。

重要なので繰りかえしますが、それはメモをとることです。何月何日の何時何分くらいに、自分がどんなひどい目にあったのかをメモしておくのです。サービス残業についても、同じようにして残業時間をメモしておきます。

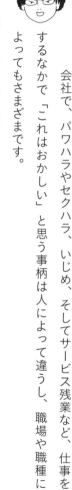

もし、上司や先輩から言葉の暴力をうけているのなら、ICレコーダーで会話の様子を録音しておくのがよい。メモや録音データは、裁判になったときの強力な証拠となります。

再スタートは、いつでも誰でも切れる

たとえば、みなさんが会社を辞めてしまった。そのあと、どうすればよいのか。

まず、ハローワークにいきましょう。仕事を失った（失業した）ことが認められれば、国の制度である雇用保険から、失業手当を受給することができます。金額は、それまで働いていた会社の、直近六カ月の給料の平均と、年齢、そして勤続年数、などによって変わってきます。

だいたい、もらっていた給料の五割から八割くらいを受給できます。また、仕事を辞めた理由が「自己都合」か「会社都合」かによって、受給できる期間が変わります。最低でも九〇日間はもらえることになります。

失業保険をもらっているうちに、みなさんは新たな職場を見つけ、転職しなければなりません。雇用保険には、失業中に職業訓練を受けられる制度があるので、それを利用して、専門的な技術を学ぶこともできます。

とはいえ、この職業訓練制度はあまり役に立たない場合も多いようです。期間は短いし、内容も貧弱なものが目立ちます。それでも、あるものはぜひ活用してほしい。

いずれにせよ、転職で会社に入るのは、新卒で入るよりもむずかしくなってしまいます。そのことは、覚悟しておかなければなりません。でも、そのままいたら、心や身体を病んでしまうような会社に居つづけるつらさを考えれば、転職することがやむをえない場合もあります。

そんなときには、きっぱりと気分を変えて、新しい道を切りひらいてください。あせる必要はありません。いつか、きっと、みなさんに合った職場が見つかることでしょう。そして、やりがいのある仕事に出会えることでしょう。

おわりに

この本のおわりに、これまで話した内容を振りかえり、まとめてみましょう。

働くことは、人間の社会が存続するために必要なこと。だから、誰かが働く必要がありま す。そして、人類はそのような営みを通じて、人と人とのつながりをつくってきた。みなさんが働くということは、それを通じて社会に参加をするという意味を持っているのです。

しかし、現代の働き方の主流である「賃労働」になると、その「働くこと」の意義がわかりにくくなる。お金もうけのために、ひどい働かせ方をさせられることもある。そうなると、逆に「無理するくらいなら、働かないほうがよい」ということにもなりかねません。

だから、働かせ方の「ルール」である労働法を国が定めて、無理な働かせ方をさせないように抑えています。それでも、労働法を無視する企業はあとを絶ちません。みなさんは、労働法を知らないと、違法な企業に身も心もしぼりとられ、損をしてしまいます。

また、「ブラック企業」と呼ばれるひどい会社がたくさんある日本では、自分自身の「立場」を守るために、自分の会社と、同じ職種の会社を比べることも大切です。悪い企業でがまんせずに、よい企業を探すことが、働く人にとっての「利益」につながっていきます。

本書で伝えてきた以上のようなメッセージは、ふだん学校で教えられている「まじめに働きなさい」「おとなのいうことを聞きなさい」というメッセージとは、かなり違っていたことでしょう。「そんなふうに考えていいの？」と驚いた方もいるかもしれません。

もちろん、学校の先生たちが日々、みなさんに教えようとしていることも、正しい。部活や道徳の授業で習うような、「がまんする力」を養うことが、確かに必要なときもあります。ですから、先生に教わっていることも、けっして無視してはいけない。

だけど、おとなにいわれたことが「すべて正しいわけではない」ということを知っておくことも、先生に教わることと同じくらい大切です。

自分がいやだと思うこと。耐えられないこと。そういうことがあったときに、「がまんする」のが正解ではないときがある。そのことを、僕はみなさんに知っておいてほしいと思うのです。

また、みなさんが「よりよい会社を選ぶ」ことや「相手を見くらべる」ことは、けっして「協調性がない」とか「わがまま」、そして「自分勝手」なことではないということも、覚えておいてほしいと思っています。「自分ががまんする」だけではなく、「会社のほうが悪いのではないか」と考えることも、まちがってはいないのです。

そして、そのような「批判的な考え方」は、自分の身を守るだけではなく、じつは社会でも必要とされています。

「もっといい会社はないの？」

「どうやったら、もっとがまんしなくていい社会になるの？」

こうした「批判的」な考え方は、「がまん」することが思考を停止させてしまうのとは逆に、新しい思考を切りひらくきっかけになるからです。だから、社会への批判的なまなざしこそが、正義や民主主義の理念を発展させ、学問や法律も進化させてきました。これからも、「がまん」ではなく「批判」が、人類を発展させていくことでしょう。

こう考えてくると、生きて、働いていくということは、本当にむずかしい。なにが正しいのかは、おとなや他人にいわれたとおりのことではなく、自分自身でも判断していかなければならないのですから。でも、その一方で、みなさんを助けてくれる人もたくさんいる。がまんせずに、誰かに頼る。それが正解のときも、きっとある。

「がまん」することだけではなく、「批判的な考え方」も大切なのだということ。自分の「立場」や「社会」にとって、なにが正しいのかを問いつづけること。本書が、みなさんにそういうことを考えてもらえるきっかけになれば、とてもうれしく思います。

働く前に覚えておきたい25の重要なルール

1 給料は、自分が実際に何時間働いたかに応じて払われなければならない。
2 残業代は、二五％割増の給料として払われなければならない。
3 休日に働いた場合は、三五％割増で給料を払われなければならない。
4 契約書は、紙で残さなければならない。
5 働く人は、労働組合を結成できる。
6 働く人は、会社と団体交渉をすることができる。
7 働く人は、会社に対しての要求実現のために、団体で行動することができる。
8 会社は、働くことを条件として、働く人にお金を前貸しし、毎月の給料から一方的に天引きすることができない。
9 会社は、働く人に強制的にお金を積み立てさせることはできない。

10　一〇人以上の従業員がいる会社は、
かならずその会社での働くときのルールを定めた「就業規則」を作り、
労働基準監督署に届けなければならない。

11　会社は、雇用保険に加入しなければならない。

12　働く人が仕事で病気やケガをしたときには、
治療費や休んだ期間の給料などを、会社は働く人に支払わなければならない。

13　働く人を解雇するときは、
誰が見ても納得できるような理由がなければならない。

14　会社が一度、採用内定を決めた人に対して内定を取り消すことは、
解雇と同じなので、誰が見ても納得できるような理由がなければならない。

15　働く人の同意なしに、働くルール（労働契約）を働く人が損するような
内容に、会社が勝手に変更することは、約束違反であり、許されない。

16　契約した内容と、実際に働きはじめたときの条件が違っていた場合、
会社は約束どおりの条件にもどさなければならない。

17　都道府県ごとに決められている最低賃金は、
すべての働く人に対して守られなければならない。

18 賃金は、働いた本人が受けとらなくてはならない。

19 一部の法令で定められたもの以外、会社は給料から天引きしてはいけない。

20 給料は、毎月、一定の期日を設けて払わなければならない。

21 会社は、働く人に給与を支払う際、給与明細を交付しなければならない。

22 一日八時間、週に四〇時間以上働かせる場合、
あらかじめ従業員の過半数の代表者、
または労働組合とのあいだに協定を結ばなくてはならない。

23 一日の労働時間が六時間を超えるときには少なくとも四五分、
八時間を超える場合には少なくとも六〇分の休憩を、
会社は働く人に対して与えなくてはいけない。

24 休みは、少なくとも毎週一回、
あるいは四週間をつうじて四日以上なくてはならない。

25 同じ会社で、半年間働いた人には、
基本的に有給休暇を与えなくてはならない。

困ったときには、ここへ連絡しよう!
(労働相談にのってくれる組織や団体)

NPO法人　POSSE
本書の著者である今野晴貴が代表を務めるNPO。
若者の労働や生活、貧困に関する相談を受けつけています。
電話：03-6699-9359　email: soudan@npoposse.jp
ホームページ：http://www.npoposse.jp/

総合サポートユニオン
若者の労働相談を全国規模で受けつけている労働組合です。
電話：03-6804-7245　email: info@sougou-u.jp
ホームページ：http://sougou-u.jp/

ブラックバイトユニオン
アルバイトの労働問題に取りくんでいる労働組合です。
全国から相談を受けつけています。
電話：03-6804-7245　email: info@blackarbeit-union.com
ホームページ：http://blackarbeit-union.com/

ブラック企業被害対策弁護団
若者の労働事件に取りくんでいる弁護士の団体です。
全国に300人以上が在籍しています。
電話：03-3288-0112
ホームページ：http://black-taisaku-bengodan.jp/

日本労働弁護団
日本の労働事件全般に取りくんでいる弁護士の団体です。
全国に1000人以上が在籍しています。
電話：03-3251-5363
ホームページ：http://roudou-bengodan.org/

無料ダウンロード資料

今野晴貴が共同代表を務める「ブラック企業対策プロジェクト」では、学者や弁護士、NPO、そして労働組合などの関係者が、以下のような資料を無料で提供しています。

同プロジェクトのウェブページ（http://bktp.org/downloads）に入り、「ダウンロード」をクリックしてください。資料の一覧が表示されます。

●「ブラック企業に就職するのが怖いけど、どうやって見分ければよいの?」

求人票や就職ナビサイト、『就職四季報』や雇用契約書からわかるブラック企業の特徴を人材コンサルタントや大学教授らが、大学生向けにわかりやすく解説した冊子。

●「企業の募集要項、見ていますか――こんな記載には要注意！」

企業の募集要項から求人詐欺を見分ける方法を記し、万が一ブラック企業に入ってしまったときの対処法をまとめた冊子。

●「知っておきたい内定・入社前後のトラブルと対処法」

内定取り消しや入社直前の労働条件の変更といった、内定時や入社前後に起こりやすい問題を紹介し、トラブルが生じた際の具体的な対策について弁護士や労働組合などがまとめた冊子。

●「出社がつらいと思ったとき――会社をどう休む、病院でなんて言う」

ブラック企業に入ってしまい体調を崩してしまったときにどうやって会社を休むかという素朴な疑問に対する答えを、弁護士・社会福祉士・医療ソーシャルワーカーなどの専門家が紹介した冊子。

●「【教員・保護者向け】高校生のバイトトラブルの解決方法」

学校教員向けのアルバイト労働問題の解決マニュアル。

●「今すぐ使える！　労働法教育ガイドブック」

学校で労働法を教えるための教材。

●「ブラックバイトへの対処法――大変すぎるバイトと学生生活の両立に困っていませんか？」

ブラックバイトへの対処法を解説した資料。

著者略歴

今野晴貴（コンノ・ハルキ）

１９８３年、宮城県生まれ。ＮＰＯ法人ＰＯＳＳＥ代表。一橋大学大学院社会学研究科博士課程在籍（社会政策、労働社会学）。２００６年、都内の大学生・若手社会人を中心にＮＰＯ法人ＰＯＳＳＥを設立。年間２０００件の労働相談を受けている。『ブラック企業　日本を食いつぶす妖怪』（文春新書）で大佛次郎論壇賞受賞。また、同書のタイトルである「ブラック企業」は、新語・流行語大賞のトップ１０を受賞。その他の著書に、『ヤバい会社の餌食にならないための労働法』（幻冬舎文庫）、『生活保護　知られざる恐怖の現場』（ちくま新書）など多数。

君たちはどう働くか

2016年4月10日　初版発行

著者　今野晴貴

造本　小林義郎

イラスト　内田春菊

編集　谷川　茂

発行者　藤巻修一

発行所　株式会社 皓星社

〒101-0051　東京都千代田区神田神保町 3-10

電話 03-6272-9330

e-mail info@libro-koseisha.co.jp

ホームページ http://www.libro-koseisha.co.jp/

印刷・製本　精文堂印刷株式会社

定価はカバーに表示してあります。落丁・乱丁本はお取替えいたします。

ISBN 978-4-7744-0610-7 C0036